Wohlstandsrealismus

Über den Autor

Sven Overbeck (Jahrgang 1981) arbeitet fast ununterbrochen seit 1998 im Finanzbereich. Im Wirtschaftszweig Banken/Versicherungen blickt er heute auf eine rund 13-jährige Erfahrung zurück. Der gelernte Bankkaufmann und geprüfte Versicherungsfachmann (BWV) arbeitete zudem in der kaufmännischen Abteilung des elterlichen Betriebes und sammelte in der Recyclingbranche zudem Geschäftsführungserfahrung als Gesellschafter. Soziale Erfahrungen konnte er beim Paritätischen Wohlfahrtsverband Niedersachsen sammeln. Nun führt er hauptberuflich als Selbständiger eine fünfköpfige Agentur eines öffentlich-rechtlichen Versicherers in Niedersachsen. Zuvor war Sven Overbeck als Praxistrainer personalverantworlich tätig. Zertifizierte Weiterbildungen im Bereich Bausparen und Investment gehören genauso dazu wie eine geprüfte Weiterbildung für betriebliche Altersvorsorge. Nebenberuflich ist er politisch ehrenamtlich tätig und vertritt als Pressebeauftragter die Interessen seines Berufsverbandes. Privat lebt der Autor mit seiner Partnerin bereits ca. elf Jahre zusammen und betreibt Tanzsport als Leistungssport und unterrichtet nebenberuflich als Tanzsportlehrer.

Sven Overbeck

<u>Wohlstandsrealismus</u>

Vermögen aufbauen und
sichere Zufriedenheit fühlen

Bibliografische Information der Deutschen National-
bibliothek:
Die Deutsche Nationalbibliothek verzeichnet diese
Publikation in der Deutschen Nationalbibliografie;
detaillierte bibliografische Daten sind im Internet
über http://dnb.dnb.de abrufbar.

Illustration: **Sven Overbeck**

Herstellung und Verlag: BoD – Books on Demand,
Norderstedt

2. Auflage

ISBN: 978 3 732 24694 6

Wohlstandsrealismus

„Wohlstand = Der Zustand, in dem man so viel Kredit bekommt, um über seine Verhältnisse leben zu können."

Zitat: Robert Lembke (1913-89), deutscher Fernsehmoderator und Journalist, Chefredakteur und Fernsehdirektor des bayrischen Rundfunks

„Wer dem Volk anstrengungslosen Wohlstand verspricht, lädt zu spätrömischer Dekadenz ein."

Guido Westerwelle (*1961), Bundesaußenminister
Quelle: Kölner Stadt-Anzeiger

Inhalt

Inhalt

Vorwort

Ich freue mich, dass Sie sich Zeit nehmen dieses Buch zu lesen. In den kommenden Kapiteln geht es um den Aufbau von Wohlstand. Es geht darum, mit Geld gut zu leben, sich dem System des Geldes nicht zu widersetzen, sondern mit Geld zu sympathisieren und mit dem Geldstrom zu schwimmen.

Der Grund, dieses Buch zu schreiben, ist für mich mein täglicher Umgang mit meinen Kunden und befreundeten Menschen. Es ist doch schade, dass sich so viele Menschen um Geld sorgen müssen und unter Kreditlasten seelisch stark leiden.

Natürlich habe ich mich auch gefragt, ob ich mit meinen 31 Jahren bereits ein Buch über solch ein großes Thema schreiben sollte. Ich gehe diesen Weg, den ich auf den kommenden rund 130 Seiten beschreiben werde, nun schon seit meiner Bankausbildungszeit, seitdem ich 16 Jahre alt bin, und kann beurteilen, ob das Getane gut oder schlecht war. Bereits seit Kindestagen beschäftige ich mich mit dem Thema Vermögensaufbau. Seitdem ich denken kann, beobachte ich diese Strategien und entdeckte ähnliche Einstellungen und Lebensweisen bei Leuten, die es geschafft haben, im Wohlstand zu leben. Der Weg funktioniert und ist bei mir erfolgreich. Seit 16 Jahren gehe ich also einen Weg. Diesen Weg werde ich auch noch mit 70 gehen. Ein Ende des Weges ist nicht in Sicht. Wann also das Buch schreiben? Am Ende des Weges? So lange ich lebe ist der Weg nicht zu Ende, also schrieb ich das

Buch jetzt. Wenn der Weg zu Ende ist, kann ich kein Buch mehr schreiben.

Vielleicht hilft es Ihnen, finanziell erfolgreicher zu werden und / oder bestärkt Sie in Ihrem eignen Handeln. Da Sie dieses Buch lesen und sich somit für das Thema interessieren, gehe ich davon aus, dass Sie Ihren Weg ebenfalls erfolgreich gehen. Der erste Schritt ist getan. Sie sind daran interessiert, Vermögen aufzubauen und mit diesem Vermögen glücklich zu leben. Ihr Interesse ist geweckt und Interesse steuert bekanntlich Wahrnehmung.

Wenn Sie das Buch fertig gelesen haben, würde ich mich freuen, wenn Sie es verschenken oder weiterempfehlen und zwar an Menschen, die sich nicht so sehr für diese Themen interessieren, um auch ihnen einen Weg in geordnete finanzielle Verhältnisse und finanzielle Lässigkeit zu ebnen. Sie bestimmen also auch die Wahrnehmung Ihrer Mitmenschen für dieses SO (Sven Overbeck) wichtige Thema.

Genau für diese Zielgruppe habe ich dies Buch geschrieben, einfach und unkompliziert. Ohne komplizierte Berechnungen und Beispiele, so geschrieben, dass jeder es verstehen kann. Für junge Berufseinsteiger, die bisher wenig mit dem Thema zu tun hatten und sofort in geordnete finanzielle Verhältnisse starten möchten. Genauso für Leser, die Ihren jetzigen Lebensstil zu Gunsten der finanziellen Ordnung optimieren möchten.

Danke, dass Sie sich Zeit nehmen und ein Stück Ihres finanziellen Weges mit mir gehen.

Vermögen wächst durch Verzicht

Vermögend sein ist besser als arm zu sein. Da werden mir sicherlich die meisten Menschen auf diesem Planeten zustimmen. Wer nicht? Wohl eher nur die, die sich aus verschiedensten Gründen nicht zu der Gruppe der Vermögenden zählen möchten. Mir ist das unvorstellbar. Hier sind einige Gründe, die dafür sprechen könnten:

Menschen, die aus politischem Protest und sozialistischer Ideologie dem widerstreben.

Menschen, die sich nicht den Stress machen möchten, vermögend zu werden.

Menschen, die nicht bereit sind, die Strapazen dafür aufzunehmen.

Doch ein viel wichtigeres Argument, keinen Wohlstand besitzen zu wollen, ist deutlich gravierender: Unser Unterbewusstsein. Mal abgesehen vom inneren Schweinehund, der uns befiehlt, nicht mehr zu machen als es sein muss. Dies ist natürlich ebenfalls nicht wohlstandsfördernd.

Weiter geht es mir um eine ganz andere Sache. Seit Kindestagen sind wir von Sprüchen umgeben wie: „Eher geht ein Kamel durch ein Nadelöhr, als dass ein Reicher in den Himmel kommt." oder „Wer hoch fliegt, kann tief fallen." oder „Lieber gesund und arm als krank und reich.". Diese Sprüche sagen doch unserem Unterbewusstsein ganz klar, dass es gar nicht gut ist, Reichtümer zu besitzen. Doch wie wäre es mit „Wohlhabend und gesund"? Wer über Wohlstand verfügt, hat viel mehr Möglichkeiten, sich gesund zu halten. Gesünderes und frischeres Essen, mehr Zeit für Sport, mehr Geld für Freizeitaktivitäten wie Sauna oder Schwimmen und natürlich auch eine bessere ärztliche Versorgung durch Vorsorgeuntersuchungen, die z.B. die Kasse nicht übernimmt.

Die vorgenannten Aussagen sind von Menschen entstanden, die es nicht geschafft haben, wohlhabend zu werden. Als Rechtfertigung für ihr Scheitern und um es sich schön zu reden, dass es auch gut sein kann, arm zu sein. Doch wer genau überlegt, der weiß, dass dies nicht korrekt ist. Ein reicher Mensch z.B. kann viel mehr Gutes tun, z.B. in Form von Spenden usw.

Bitte streichen Sie alle Sprüche gegen Wohlstand und Reichtum aus Ihrem Unterbewusstsein. Es hält Sie nur davon ab, Ihren Traum vom Wohlstand zu verwirklichen. Realisieren Sie Ihren Traum vom Wohlstand.

Jeder kann erfolgreich werden und mit Wohlstand leben. Jeder hat es verdient. Wir haben das große Glück in einem hochentwickelten Land zu leben, nutzen wir dies und machen wir möglichst viel aus unserem Leben. Damit machen Sie nicht nur sich glücklich und zufrieden, sondern auch Ihre Vorfahren und/oder Ihren Schöpfer, je nachdem woran Sie glauben.

Was bedeutet Vermögen?

Als Verb (und daher klein geschrieben) wird Vermögen im Duden als „die nötige Kraft aufbringen", „Zustande bringen" „etwas erreichen" beschrieben. Nun, das hat natürlich nichts mit dem Begriff zu tun mit dem dieses Buch betitelt ist, oder doch? Doch!

Natürlich bezeichnet Vermögen (diesmal groß geschrieben und als Substantiv) die Güter, die eine Person besitzt, sei es in Form von Geldvermögen, Wertpapieren oder Sachwerten etc. Doch gerade diese Güter, die eine Person „reich" erscheinen lassen, können nur durch „Zustande bringen" entstehen oder erreicht werden, wenn etwas erreicht wird. Anders gesagt, fällt Vermögen selten jemandem in die Hand. Erbschaften und Lotteriegewinne mal ausgenommen.

Die Höhe von „Vermögen" muss jeder selbst definieren. Dabei kommt es entscheidend darauf an, was Sie mit dem Vermögen vorhaben und wie Ihr Lebensstil aussieht. Für mich geht monetär vermögend sein im sechs stelligen Bereich los, so bei 150.000 bis 200.000 Euro. Reichtum ab rund 800.000 Euro. Entscheidend ist dann noch, ob sie sich vermögend nennen können oder nicht, wie Ihre künftige Lebensplanung aussieht.

Ein 65-Jähriger ohne Rentenanspruch mit 150.000 Euro in der Tasche der davon sein komplettes restliches Leben finanziell bestreiten muss, ist sicher nicht vermögend. Da können ihm nur die Daumen gedrückt werden, dass die 150.000 Euro bis zum Lebensende reichen. Denn niemand weiß, wie alt dieser 65 jährige noch wird. Mehr dazu später. Ein 25-Jähriger hingegen, der über 150.000 Euro verfügt und in seinem Job vermutlich auch weiterhin gut verdienen wird, kann sicherlich schon als leicht vermögend bezeichnet werden, denn er braucht die 150.000 Euro erst mal nicht, er lebt schließlich von seinen monatlichen Einnahmen und die 150.000 Euro können sich weiter verzinsen und für ihn zusätzlich arbeiten.

Doch das ist nicht alles, was unter Vermögen zu betrachten ist. In anderen Ländern ist jemand vermögend, wenn er über 500 Kamele verfügt. Würde dieser Mann drei Kamele zum Bezahlen mit in den Supermarkt nehmen, würde er hier nicht als vermögend gelten sondern also eher sonderbar. Vor einigen Jahrhunderten wurde Vermögen durch Tiere oder Metallbesitz definiert. Teilweise ist dies heute immer noch so.

Für manche Menschen bedeutet Vermögen auch der Kinderreichtum. Ein Familienvater mit drei Kindern hat sicherlich ein anderes Verhältnis zur inneren Zufriedenheit als der Chefvolkswirt einer Großbank. Doch auch ohne viel Geld wird sich dieser Familienvater sicherlich vermögend und zufrieden fühlen. Sie sehen also, dass jeder für sich selbst Vermögen definieren muss. Geld, Sachwerte, tierische Werte, Bildung oder Familienglück.

Es können also auch nicht-materielle Güter zum Vermögen zu gehören. So besitzen sicherlich die meisten Akademiker, die gerade ihr Studium beendet haben, nicht über viel Geld. Meist verfügen sie sogar über Schulden, da Sie Geld für ihr Studium aufnehmen mussten. Doch würden Sie einen jungen Rechtsanwalt oder einen jungen Arzt also komplett vermögensfrei ansehen? Frei von Vermögen „erster Güte", also Geld, Immobilien etc., vielleicht. Doch auch Bildung und zukünftige Verdienstchancen können als Vermögen betrachtet werden. Derzeit nicht realisierbares Vermögen. Eine gute Bildung öffnet Tür und Tor und verhilft Ihnen zu besser bezahlten Jobs oder zu Jobs, an denen Sie mehr Spaß haben und vielleicht weniger arbeiten müssen als andere.

Automatisch Vermögen besitzen, bedeutet Bildung jedoch nicht. Es sind mir viele Beispiele bekannt, nachdem ein Studienabsolvent nichts oder wenig aus einem Hochschulstudium gemacht hat. Stellen Sie sich einen Metzger mit einem guten, geschärften Messer vor. Er wird deutlich mehr Fleisch verarbeiten können als ein Metzger, der über stumpfe und schlechte Messer verfügt. Er ist also klar im Vorteil. Wenn jedoch der Metzger mit den scharfen Messern nur wenig arbeitet und der Metzger mit den stumpfen Messern rund um die Uhr schneidet wird vermutlich der Fleischer mit den stumpfen Messern trotz schlechterer Grundvoraussetzungen mehr produzieren.

Genauso verhält es sich mit Bildung. Eine gute Bildung bedeutet scharfe und gute Messer zu besitzen. Gute Voraussetzungen also. Allerdings keine Garantie für Wohlstand. Wer die scharfen Messer besitzt, muss diese nun allerdings auch clever, effizient und fleißig einsetzen. Nur dann spielt er seine Vorteile optimal aus und hat gute Chancen, möglichst früh ein materielles Vermögen sein Eigen nennen zu können.

14

Auch Gesundheit ist ein Vermögensgut. Mit guter Gesundheit geht's Ihnen gut und Sie sind in der Lage, mehr Geld zu verdienen, wenn Sie dies möchten. Schauen Sie sich also bitte um, was Ihnen wichtig ist. Vermögen in Form von Geld- und Sachwerten machen allein meist nicht glücklich. Es ist meist der Mix aus Sach- und Geldvermögen, Gesundheit, Bildung und Freundes- bzw. Familienglück. Schaffen Sie für sich die Balance, die Sie glücklich und zufrieden macht. Wenn es zum Beispiel Ihr oberstes Ziel ist, möglichst viel Geld zu besitzen, wird es Ihnen bald gelingen, Geld anzusammeln. Legen Sie hingegen auf Geld weniger Wert und freuen sich mehr am Familienglück, so werden Sie alles geben, damit es zu Hause harmonisch läuft. Auf Geld schauen Sie dann weniger und werden auch über weniger verfügen. Ihre Schwerpunkte werden von Ihrem inneren Magneten angezogen. Alles auf einmal ist möglich, jedoch zeitlich sehr schwierig, da wir alle nur über 24 Stunden täglich verfügen.

Was möchten Sie also erreichen? Seien Sie sich Ihrer Ziele klar bewusst und streben Sie danach.

Vermögen oder Wohlstand oder beides

Bedeutet Vermögen gleichzeitig Wohlstand? Ist doch ähnlich oder? Umgangssprachlich wird Wohlstand auch mit Vermögen gleichgesetzt oder gar ganz aufs Finanzielle begrenzt. Wer also viel Geld besitzt, dem wird Wohlstand unterstellt.

Doch lassen Sie uns dies bitte etwas differenzieren. Vermögen haben wir soeben ja beschrieben. Es sind also materielle und nicht materielle Güter. Es ist leichter vermögend zu sein, als Wohlstand zu erreichen. Denn beim Wohlstand kommt zum Vermögen noch ein wichtiger Punkt hinzu: Die innere Zufriedenheit.

Dies ist ein ganz entscheidender Punkt, hört sich leicht an, ist es jedoch oft nicht. Lebt jemand im Wohlstand, der über zwei Mio. Euro verfügt und damit allerdings hoch unzufrieden ist, weil sein Nachbar drei Mio. Euro besitzt? Ist er dann wirklich ständig im Wohlsein? Hinzu kommt noch, dass der Zwei-Mio.-Euro-Millionär alles daran setzt, den Nachbarn zu überholen. Dafür setzt er Teile seines Vermögens aufs Spiel nämlich sein Familienglück und seine Gesundheit. Nur um Vermögen auf der materiellen Seite anzuhäufen.

Dies ist doch nicht wünschenswert und auch der Grund warum viele Menschen mit weniger Vermögen oft glücklicher sind als die Mitmenschen mit mehr Vermögen. Wer über Wohlstand verfügt, entscheidet also jeder selbst, jeder setzt seine Wohlstandsgrenze fest. Achten Sie darauf, dass diese Grenze erreichbar ist und setzten Sie erreichbare Zwischenziele. Es wird Ihnen hohe Zufriedenheit bringen, auch wenn Sie kleine Zwischenziele erreichen. So ist es beim Marathon laufen enorm wichtig, dass Sie in Etappen denken. Wenn Sie nur ans Gesamtziel, nämlich an die 42,195 Kilometer denken, die Sie noch vor sich haben, wird Ihre Motivation gen null tendieren. Wenn Sie jedoch sich über jeden abgestrichenen Kilometer freuen und stolz darauf sind, was Sie bisher erreicht haben, haben Sie deutlich mehr Freude. Und vor allem deutlich höhere Chancen, das Gesamtziel zu erreichen.

Bitte seien Sie also auch mal mit weniger Ergebnissen zufrieden und beneiden Sie nicht die Mitmenschen, die mehr haben. Mehr dazu später.

Realistische Ziele setzen, diese mit viel Fleiß erreichen und mit dem Zwischenziel zufrieden sein und weiter am Gesamtziel in Etappen arbeiten. Das ist wahrer Wohlstand und Sie werden Spaß in Ihrem Leben haben, weiteres Vermögen für mehr Wohlstand aufzubauen.

Mehr Geld verdienen, bedeutet die Einnahmen und den Überschuss erhöhen

Was ist also zu tun, damit Vermögen und somit Wohlstand entsteht? Es ist schließlich so, dass derjenige, der über genügend Geldressourcen verfügt, sich doch vieles leisten kann, oder? Genau, das ist korrekt. Er „kann" sich vieles leisten. Doch tut er dies auch? Dies lesen Sie im späteren Teil über die Ausgaben.

In der Regel entstehen wirtschaftliche Reichtümer dadurch, dass mehr eingenommen wird als ausgegeben. Es handelt sich also um einen Einnahmenüberschuss. Mehr Einnahmen? Das ist doch erst mal einfach gesagt:

Härter, effizienter und länger arbeiten.

Den inneren Schweinehund überwinden und länger im Büro sein als die Kollegen, um bei der nächsten Beförderung berücksichtigt zu werden.
Genauer und mit mehr Elan arbeiten, damit der Chef auf Sie aufmerksam wird und Ihr Gehalt oder Ihren Lohn steigert.
Den sicheren Hafen der abhängigen Beschäftigung (Angestelltenverhältnis) verlassen und auf den eigenen Erfolg in der Selbstständigkeit setzen.
Mehr Stunden kloppen um mehr Stunden auf dem Lohnzettel zu haben.
Einen Zweitjob abends oder am Wochenende annehmen. Zum Beispiel Zeitungen verteilen.

Dies sind also Möglichkeiten, um Einnahmen zu steigern. Wenn da nicht der innere Schweinehund wäre. Ist es nicht leichter abends und am Wochenende den Hobbys nachzugehen oder die Zeit mit der Familie und / oder Freunden zu verbringen? Natürlich ! Auch ich tue dies oft lieber. Die Frage ist daher: Wie sehr sind Sie daran interessiert, Geld und schöne irdische Dinge zu besitzen?

In diesem Kapitel möchte ich noch einen persönlichen Eindruck erwähnen. In der heutigen Zeit fällt es mir auf, dass niemand mehr Verantwortung übernehmen möchte. Die wenigen, die Verantwortung übernehmen, werden gut honoriert weil es ein geringes Angebot an „Verantwortlichen" gibt. An meinen beiden Büros hängt groß mein Name. Ich bin also verantwortlich. Darauf können sich meine Kunden verlassen. Egal was bearbeitet wird, ob von meinen Mitarbeitern oder von mir selbst, ich trage immer die Verantwortung und stehe dafür gerade.

Bei einigen Großfirmen nennen Mitarbeiter noch nicht mal mehr Ihren Nachnamen, weil die Firma verantwortlich für Ihr Handeln ist. So habe ich neulich bei einer Fluggesellschaft eine Änderung bei „Rose" durchgeführt. Als ich den Nachnamen erfahren wollte, teilte mir Rose mit, dass dies nicht gewünscht ist und Sie mir Ihren vollen Namen nicht nennen könne. Mein Ansprechpartner sei die Airline und nicht die Person. Wohin soll das führen, wenn niemand mehr verantwortlich ist? Die Firmenbezeichnung ist oft eine juristische Person und keine natürliche Person. Ein Pseudonym. Einer juristischen Person, also einer GmbH, kann ich nicht in die Augen schauen und direkt mit Ihr reden. Wenn alle Mitarbeiter dieser GmbH sich nun hinter dem Namen verstecken, wird kaum ein zufriedenstellendes Ergebnis dabei herauskommen.

Selbst kaufe ich lieber in Geschäften, wo ein Mensch aus Fleisch und Blut Farbe bekennt. Eine Apotheke, wo der Apotheker und Firmeninhaber persönlich für die Ausgabe verantwortlich ist. Ich denke, dass da die Qualität höher ist, als wenn die Ausgabe über eine Zweigestelle der Firmenzentrale aus Amerika erfolgt und der Geschäftsstellenleiter sich bei Fehlern immer hinter der Zentrale in den USA verstecken kann.

Brötchen und Brot kaufe ich lieber bei einem Bäcker der sich persönlich mit seinem Namen zu seinem Produkt bekennt. Dieser Bäcker wird sich meiner Meinung nach bei der Herstellung mehr Mühe geben als jemand, der sein Produkt unter einem Pseudonym verkauft. Pseudonyme können beliebig oft und leicht geändert werden. Der eigene Name ist viel mehr wert und darf nicht beschmutzt werden. Die Sorgfalt steigt.

Suchen Sie sich persönliche Ansprechpartner, auf die Sie sich verlassen können und die Verantwortung übernehmen. Und machen Sie das gleiche in Ihrem Job. Zeigen Sie Ihren Partnern, dass Sie verantwortlich sind und verstecken Sie sich bei Fehlern nicht hinter der Firma. Zeigen Sie Verantwortung. Dies wird honoriert und Sie verdienen so langfristig mehr. Ihre Chefs und Ihre Partner werden Ihnen dies langfristig entlohnen.

Arbeiten Sie also mehr und öfter? Damit erhöhen sich Ihre Chancen gewaltig, später mehr Geld als Ihre Mitmenschen zu haben und gut leben zu können.

Meine Einnahmen bestehen aus drei Säulen.

1. Einnahmen aus aktiver „normaler" Arbeit
2. Einnahmen aus sportlicher Übungsleitertätigkeit
3. Einnahmen aus Zinsen und vermieteten Immobilien.

Bereits heute brauche ich nur ein oder zwei der o.g. Einnahmen, um auch zukünftig gut leben zu können. Natürlich reichen mir meine Einnahmen aus normaler Arbeit auch alleine aus. Ich könnte jedoch auch auf Punkt 1 verzichten und von den Säulen der Nummern 2 und 3 leben. Das entspannt mich in allen drei Tätigkeiten und lässt mich ruhig und gelassen agieren. Das ist besser, als verkrampft an die Sache zu gehen, weil dann ja das Geld aus einer Tätigkeit unbedingt gebraucht wird. Zudem fördert es den Spaß an der Arbeit und Sie arbeiten mehr und besser.

Der richtige Job

Doch was tun, wenn Sie in Ihrem Beruf einfach wenig verdienen? Auf Gehaltserhöhungsverhandlungen durch die Gewerkschaft hoffen? Auf die Einführung des Mindestlohns warten? Das ist zu passiv. Wenn Sie in einem Job arbeiten in dem Sie kaum Ihren Lebensunterhalt bestreiten können, obwohl Sie 40 oder mehr Stunden pro Woche arbeiten, hilft nur eins: Wechseln Sie den Job.

So hart sich das anhört, doch wenn Sie für diesen geringen Lohn arbeiten, schaden Sie nicht nur sich, sondern auch noch anderen. Was wäre zum Beispiel, wenn Ihr Chef Ihnen sechs Euro pro Stunde zahlt? Ich denke wir sind uns einig: egal welcher Job dies ist, das ist zu wenig und grenzt an Ausbeutung. Wenn nun alle Mitarbeiter Ihres Arbeitgebers gemeinsam sagen, dass Sie für sechs Euro nicht arbeiten und dort aufhören zu arbeiten, muss Ihr Chef irgendwann mal mehr bezahlen. Er kann schließlich nicht alles alleine machen.

Wenn also aus einem Niedriglohnjob viele umschulen in einen besser bezahlten Job und das Angebot an Fachkräften in dem Niedriglohnjob sinkt, ist der Arbeitgeber gezwungen, irgendwann mal mehr zu zahlen. So funktioniert der Markt: Angebot und Nachfrage. Und der Arbeitsmarkt ist genauso ein Markt wie der Finanzmarkt. Unterstützen Sie also nicht diese niedrigen Löhne und stellen Sie sich dem Niedriglohnbetrieb einfach nicht zur Verfügung, denn solange der Chef günstige Arbeitskräfte wie Sie findet, die

Ihren Job auch noch gut erledigen, wird er nicht mehr zahlen. Warum sollte er das auch? Er hat ja Sie.

Verknappen Sie also das Angebot an guten Fachkräften, indem Sie für den Lohn einfach nicht arbeiten. Schulen Sie um, wenn Sie aufs falsche Pferd gesetzt haben, so schnell es geht, wenn es nur irgendwie möglich ist. Wie kann es z.B. sein, dass Friseure oder Köche, die allesamt hart arbeiten müssen, teilweise unter 1000 Euro netto verdienen und damit Ihre Familie ernähren müssen?

Doch solange so viele Menschen dies so akzeptieren, ändert sich leider nicht viel. Wenn es aber niemand mehr zu diesen Konditionen machen möchte, müssen die Unternehmen mehr bezahlen und dies ist doch wesentlich aktiver, als auf den Mindestlohn oder eine ordentliche Gehaltssteigerung zu hoffen.

Versuchen Sie möglichst viele Einnahmen zu generieren so lange sie können und vermeiden Sie laufende Ausgaben für z.B. Kredite, mehr dazu später. Seien Sie wie ein Schwamm, saugen Sie sich voll, Freizeit haben Sie später im Alter genug. Mehr als genug. Viele Rentner trauern der aktiven Arbeitszeit hinterher. Sie haben nun das Glück, dass Sie aktiv arbeiten können. Tun Sie dies auch. Mit 70 Jahren werden Sie sonst vielleicht traurig sein, dass Sie es nicht ausreichend getan haben. Arbeiten Sie also jetzt hart an Ihrem Vermögen, Ihre aktive Zeit ist die einzige Möglichkeit daran zu arbeiten.

In der Schule als Zwölfjähriger fragte mal ein Lehrer im Fach Arbeit / Wirtschaft in welchen Berufen wir später reich werden können. Als kurzen Exkurs muss ich hier noch erwähnen, dass das Fach Arbeit / Wirtschaft sicherlich ein guter Anfang war, es ist jedoch deutlich zu wenig, worauf die Bildungspolitik die Kinder in der heutigen Zeit ausbildet. Mehr dazu im Kapital „Schulfach Finanzen". Was meinen Sie? Mit welchen Berufen können Sie reich werden? Zu meiner Antwort als Zwölfjähriger stehe ich noch bis heute: Mit jedem Beruf! Das war damals jedoch nicht die Antwort nach Lehrplan. Viel lieber hätte mein Lehrer sicherlich Berufe wie z.B. Arzt, Apotheker und Rechtsanwalt gehört. Wäre es doch gleich Motivation gewesen, mehr zu lernen und einen guten Schulabschluss zu machen.

Doch so ist es ja nun wirklich nicht. Ich kenne viele Ärzte und Rechtsanwälte denen es finanziell nicht gut geht.

Mein ehemaliger Schulkollege, der Fleischer gelernt hat und in der Schule oft mittleidig angeschaut wurde, weil aus ihm ja aufgrund schlechter Noten nichts wird, hat es hingegen allen gezeigt. Er fährt die sportlichsten Autos und verfügt über viele materielle Güter. Er hat sich selbstständig gemacht und ist der Beste in seinem Fach. Er hat mehrere sozialversicherungspflichtige Angestellte und kann den Preis seiner Ware aufgrund der sehr guten Qualität fast bestimmen. Wäre er mittelmäßiger Rechtsanwalt mit 30 Jahren nach 10 Jahren Studium geworden, würde er sicherlich keinen 911er fahren.

Ein weiterer Bekannter hat sich im Bereich Gebäudereinigung mit einem mittelmäßigen Hauptschulabschluss selbständig gemacht und verdient mit seinen Angestellten mehr als ein Chefarzt oder ein Lehrer. Und das mit derzeit sogar weniger Arbeit. Der Weg dahin war sicher hart und er musste viel dafür tun.

Suchen Sie sich also einen Job der zu Ihnen passt und in dem Sie wirklich gut sind. Er muss Ihnen Spaß machen, denn nur dann sind Sie bereit mehr zu arbeiten als andere. Interesse steuert Wahrnehmung. Was bringt Ihnen also eine Tätigkeit als hochangesehener Arzt, wenn Sie jedoch auf Patienten und deren Probleme keine Lust haben? Sie werden ein schlechter Arzt und verdienen unter Umständen deutlich weniger als wenn Sie Ihrer wahren Intension gefolgt wären. Vielleicht sogar im nicht akademischen Bereich.

Mir macht es zum Beispiel großen Spaß, viele Kunden fair und umfangreich abzusichern und dafür zu sorgen, dass Sie gut schlafen können. Sicherlich könnte ich in einem höher angesehenen Beruf arbeiten als dem des Vertreters oder „Klinkenputzers".

Doch darin bin ich gut und das merken meine Kunden und honorieren es. Ich erreiche damit Vermögen und Zufriedenheit, weil es mir Spaß macht.

Image bedeutet gar nichts. Sie müssen damit leben und nicht andere, also tun Sie dass, worauf Sie Lust haben, denn nur dann sind Sie dauerhaft erfolgreich und können Ihre Motivation dauerhaft erhalten. Mehr dazu in dem separaten Kapitel zu diesem wichtigen Thema.

Effiziente Lebensstile

Haben Sie sich schon mal gefragt, warum einige Mitbürger von Ihnen mit unter 1000 Euro monatlich glücklich und zufrieden sind oder manche Bekannte mit 5000 Euro netto pro Monat Verdienst unzufrieden wirken? Das wird natürlich noch später im Bereich der Ausgaben näher erläutert. Vorab soviel: Jeder Mensch hat unterschiedliche monetäre Lebensansichten. Der eine braucht das neue Nobeldesign Smartphone, der andere nimmt das Smartphone ohne Schnick und Schnack, der andere hat das Uralt Handy von seinem Bekannten geschenkt bekommen und ein anderer wiederum telefoniert gar nicht mobil.

Es sind also die Wünsche im Bereich des Konsums!!!

Auch ein Mensch mit 5000 Euro netto kann sich nicht alles kaufen. Wenn er dies meint, landet er bei einer Entschuldungsshow im Fernsehen oder in der Privatinsolvenz.

Passen Sie also Ihre Ausgaben Ihren Einnahmen an und schauen Sie dabei nicht neidisch auf Lebensstile von Freunden und Bekannten. Es sieht immer toll aus, wenn sich ein Nachbar ein nagelneues Auto kauft. Doch wissen Sie ob dies Auto geleast, finanziert oder gar gemietet ist? Wissen Sie, ob dieser Nachbar vielleicht seine ganzen Ersparnisse zusammen gekratzt hat, um sich dies Auto zu leisten? Es sind einfach zu viele Faktoren, die wir nicht kennen, wenn solche Anschaffungen in unserem Bekanntenkreis erfolgt sind. Neid ist in keinem Fall angebracht und schon gar nicht der Versuch, dem nacheifern zu wollen. Vielleicht ist Ihr Nachbar nun durch den bestehen Kredit unglücklicher als zuvor. Vielleicht belastet der Kredit fürs Auto mehr als der Fahrspaß bringt. In meiner Zeit als Bankangestellter konnte ich immer wieder Menschen beobachten, die zwar nach außen hin glücklich zu sein schienen mit all ihren schönen Autos, Immobilien etc., mir war jedoch schnell bewusst, dass dies nur oberflächlich war und diese eine Schauspielrolle spielten. Nächtliche Einschlafprobleme aus Angst irgendwann die Raten nicht mehr stemmen zu können, gehören leider zur Tagesordnung (besser gesagt Nachtordnung) vieler Kreditnehmer für den besseren „offiziellen" Lebensstil.

Und irgendwann bricht dann das Kartenhaus zusammen und alle anderen können dies sehen und erfreuen sich an diesem Unglück – ein Albtraum.

Durch Ähnliches wurde die Finanzmarktkrise ausgelöst. Da viele Amerikaner Ihre Häuser zu hoch beliehen hatten und dadurch Konsumwünsche realisierten, wurden massenweise Kredite nicht bedient. Diese wurden ja bekanntermaßen zu leeren Finanzpapieren zusammengefasst und an der Börse hoch gehandelt. Als dann rauskam, dass keine Substanz und nur unbezahlte und kaum rückführbare Kredite dahinter stecken, rutschten diese Papiere im Kurs herab und viele Banken verloren Geld und waren am Rande der Pleite. Der maßlose Konsum finanziert durch Kredite auf Immobilien hätte also fast unser System, in dem wir alle doch gut leben, zerstört. Wann ging es den Menschen jemals besser als heute? Unser System funktioniert und alle, auch dem Hartz-IV-Empfänger, geht es heute besser als dem nichtarbeitenden Menschen vor 200 Jahren. Dieser hatte keine warme Wohnung und genug zu essen. Bei aller Kritik an unserem System muss dies jeder eingestehen. Kommunismus führte nicht dazu. Unser jetziges Marktwirtschaftssystem hat uns allen zu einem besseren Leben verholfen.

Lernen Sie also aus den Fehler der Amerikaner und leben Sie nicht über Ihren Verhältnissen und schon gar nicht kreditfinanziert.

Ich bin sicher, wenn Sie dieses Buch zu Ende gelesen haben, wird dieser Albtraum für Sie etwas weiter in die Ferne rücken, sie werden besseren Schlaf finden und der Albtraum bleibt nur ein Traum.

Investieren in Größe

Der zur Zeit drittreichste Mann der Welt fing bereits in seiner Kindheit an sich mit Geldverdienen zu beschäftigen. Die Idee: Er kaufte einen Six-pack Getränkeflaschen für 25 Cent und verkaufte jedes Getränk einzeln für 5 Cent. Früh übt sich. Warren Buffet, der so als Kind schon lernte, wie Geld zu verdienen ist, ist bis heute immer noch sparsam. Er lernte, dass Geld zu verdienen manchmal schwer ist und musste viel für seinen Reichtum tun. Heute besitzt er geschätzt mehr als 40 Milliarden USD. Worin liegt der Clou seines Geschäfts in der Kindheit? Er kaufte günstig in einer Großpackung und veräußerte dies dann einzeln mit Gewinn. Buy, split and sell. In dem oben genannten Beispiel sind also 20 Prozent Gewinn entstanden.

Nun wollen Sie sicher nicht als Flaschenverkäufer losziehen und fragen sich vielleicht nun, was ich Ihnen damit sagen möchte. Sie sehen an diesem Beispiel ganz einfach, dass ein Finanzgenie wie Warren Buffet eins ist, es erkannt hat, den Vorteil von Großpackungen zu nutzen.

Für Ihren Plan, Wohlstand aufzubauen können, halten wir folgendes fest: Bei wenigen Geldanlagen gibt es eine annähernd ähnlich hohe Rendite wie bei dem Vorteil von Großpackungen. Vergleichen Sie die Waschmittelpreise pro Waschladung bei der 10 Kilogramm Packung und bei der 1,5 Kilogramm Packung. Meine Partnerin als Apothekerin wies mich darauf hin, dass der Preisunterschied bei der Antibabypille sehr hoch ist. So können also Damen einiges sparen in dem sie die Halbjahrespackung anstelle der Monatspackung kaufen. Weitere Beispiele gibt es sicher en masse.

Wichtig für die lupenreine Bestrendite ist natürlich, dass Sie die Großpackung aus Guthaben kaufen und nicht vom Geld des überzogenen Kontos mit horrenden Zinsen gen 20%. Mehr dazu später.

Von Warren Buffet ist übrigens auch das schöne Zitat: „buy a dollar for 50 cents". Kaufe einen Dollar für 50 Cent. Und ich glaube, dass Warren Buffet trotz seiner Milliarden nach dieser Devise nicht einfach nur investiert sondern auch genauso lebt. Sparsam und (für seine Vermögensverhältnisse) doch bescheiden. Von Millionären und Milliardären können wir das Sparen lernen. Denn diese Menschen haben es geschafft und zeigen uns mit Ihrem Erfolg einen guten Weg auf. Freuen Sie sich auf das gleich kommende Kapitel „Bodenständigkeit".

Eins möchte ich im Zusammenhang mit Warren Buffet gleich vorweg nehmen. Alle Millionäre, die ich im Rahmen meiner beruflichen Tätigkeit kennenlernen durfte, leben trotz Ihres Geldes für Ihre Verhältnisse bescheiden. Sie wissen, wie schwer es war, das Geld zu verdienen und haben durch einen passenden Lebensstil dieses Geld angehäuft. Und warum sollte man seinen Stil ändern, wenn er Ihn doch dahin gebracht wo nun vermögend steht? Die Fernsehmillionäre sind sicherlich unterhaltsame Ausnahmen. Ein vermögender Mann in meinem Umfeld kauft zum Beispiel immer günstige Jeans. Ich vermute, keine seiner Jeans hat über 30 Euro gekostet. Sein Argument ist, dass die 30 Euro Jeans aus der gleichen Fabrik kommen, wie die 100 Euro Jeans. Nun habe ich in die Textilindustrie nur einen beschränkten Einblick, weiß jedoch, dass es im Sportbekleidungsbereich genauso ist. Warum also nicht auch im Jeansbereich? Und dass menschenfreundlicher produziert wird, wenn die Jeans 100 Euro kostet ist auch nicht garantiert. Da kann nur ein geprüftes Siegel schützen.

Was sie also sehen, ist, dass dieser vermögende Mann auf seine Ausgaben beim Jeanskauf einmal im Jahr sicher nicht auf 70 Euro achten müsste. Er tut es aber, denn es sammelt weiter Geld an. Ohne diese Einstellung wäre sein Vermögen sicher etwas geringer.

Das Ersparte bzw. die Rendite geht dann in den Anspartopf, der Sie später zum Vermögen oder Reichtum führt.

Bodenständigkeit

Die Bodenständigkeit hat gleich zwei Vorteile um Wohlstand dauerhaft aufzubauen und/oder zu sichern.

1. Durch den richtigen Job, der Spaß macht und Ihnen erhöhte Einnahmen bringt, heben Sie nicht ab, halten Ihre Ausgaben im Zaum und sind in der Lage Kapital anzusparen.

2. Sie wirken weiterhin auf Ihre Umwelt bescheiden und somit sympathisch. Es wird also alles vermutlich so gut weiterlaufen wie bisher.

Als Paradebeispiel muss ich hier meine Erfahrungen aus dem Bankbereich einstreuen. Für den Bankangestellten, den ich im Kopf habe, ist es an der Tagesordnung abzuheben. Dieser Bankangestellte, wie ich es auch war, hat den Blick in die Finanzen der Kunden. Er hat die Kontrolle über die Finanzen mancher Kunden. So gewährt ein Kreditberater den Kunden Geld. Er gewährt! So zumindest sein Eigenbild. Dadurch fühlt er sich als „Herr der Finanzen". Er fühlt sich groß. Bankangestellte verdienen nicht so schlecht. Nach meiner kurzen Zeit als angestellter Bankkaufmann war mir jedoch bewusst, dass mir später das Gehalt dort nicht ausreicht, auch nicht das Gehalt eines Abteilungsleiters. Ich machte mich selbstständig und bin es bis heute, ich arbeite mehr, bekomme aber auch etwas mehr. In der Bank wurde Mehrleistung und lange Kundentermine jedoch nicht so honoriert wie ich es mir vorstellte.

Die Möglichkeit über Finanzen entscheiden zu können und zudem noch den feinen Zwirn, den die Damen und Herren dort tragen müssen (tragen müssen!), lassen oft ein äußerst hohes künstliches Selbstvertrauen entstehen. Dies führt dann dazu, dass dies auch auf den privaten Bereich projiziert wird. Ein neues Auto, beste Klamotten und ein top Haus. Und das mit einem leider nur mittleren Einkommen. Viele meiner ehemaligen Kolleginnen und Kollegen lebten und leben über Ihren Verhältnissen. Der einzige Vorteil ist: Ein Bankkaufmann kennt sein maximales Kreditlimit und kann es auch voll ausnutzen.

Da mein Beispielbanker meistens weiß, wenn er über den Verhältnissen lebt, überspielt er dies mit etwas Arroganz und findet seine Freunde bald nur noch unter Kollegen. Die Punkte 1 und 2 sind also nicht die Freunde dieses Beispiels. Dies ist nur ein Beispiel, es gibt natürlich auch genügend Banker, die anders leben und auf die dies nicht zutrifft. Innere Unzufriedenheit wird überspielt.

Die Bodenständigkeit ist verloren.

Egal, wie viel Sie jemals verdienen, egal, wie viel ich jemals verdienen werde, lassen Sie uns einen Packt schmieden: Wir bleiben bodenständig !

Durch Bodenständigkeit behalten Sie den Blick dafür, was wirklich wichtig ist. Sie behalten den Blick dafür, was in Ihrem Job wichtig ist, was für Ihre Kunden wichtig ist. Dies sichert Ihnen dauerhaften Erfolg. Abgehobene Pseudosnobs mag niemand. Ich wünsche mir oft, dass meine ehemaligen Kollegen aus der Bank mal die Kundenkontakte haben, die ich fast täglich habe. Beispielsweise Moped-Kennzeichen verkaufen für etwas über 50 Euro Jahresprämie. Dort hätten die feinen Damen und Herren mal Kontakt mit Menschen, mit denen Sie im privaten Bereich wohl eher weniger zu tun haben. Mit Leuten, die die gut 50 Euro über lange Zeit hinweg gespart haben und stolz sind, diese rund 50 Euro bar bei mir im Büro gegen ein blechernes Versicherungskennzeichen zu tauschen. Ein befreundeter Banker sagte zu mir einmal, dass er meinen Job zwar gut findet, aber auf solche Kunden keine Lust hätte. Bei solchen Aussagen stellen sich mir die Nackenhaare hoch.

Das Gegenteil ist zu empfehlen. Sammeln Sie Ihre Freunde und Kontakte aus allen Bereichen der Vermögensstruktur. Aus allen Altersklassen. So vielfältig wie nur irgendwie möglich. Gleich und gleich gesinnt sich gern? Stimmt, weil es bequem ist, mit jemanden zu sprechen, der die Welt genauso sieht wie man selbst. Suchen Sie sich anderstickende Menschen. Dadurch erhalten Sie unterschiedlichste und interessanteste Einblicke in „andere" Welten. Andere Sichtweisen, die Ihnen langfristig helfen mit allen Menschen unterschiedlicher Couleurs klarzukommen. Was Ihnen das bringt? Eine interessante und tolle Zeit. Zudem können Sie in Ihrem Job viele Sichtweisen beachten und einbringen. Ein Punkt der sich sicher im Gehalt widerspiegelt. Manageraufgaben sind nur möglich, wenn Sie sich in andere Hineinversetzten können. Versuchen Sie sich also genauso in einen

80jährigen Millionär und seinen Problemen hineinzuversetzen wie in einen 20 jährigen Hartz-IV-Empfänger. Es bringt Sie weiter.

Es ist schade, wenn vermögende Menschen Ihre Zeit nur mit anderen vermögenden Menschen verbringen. Sie verlieren irgendwann die Bodenständigkeit.

Ich werde oft belächelt, weil ich mich selten in meinem eigenen Alters- und Einkommensumfeld bewege. Wozu auch? Ich kenne ja meine eigenen Gedanken und Probleme, meine gleichverdienenden und altersgleichen Freunde haben ähnliche Probleme.

Doch welche Probleme hat der Abiturient, welche die alleinerziehende Mutter, welche der Multimillionär? Das ist das, was mich wirklich interessiert. Andere Ansichten, in die ich mich allein nicht rein versetzen kann.

Probieren Sie es aus, sprechen Sie mit jemandem mit 20 Jahren Altersunterschied und fragen Sie ehrlich und freundlich gesonnen. Fragen Sie ehrlich, was Ihn bewegt. Wenn Sie dann von Ihren Problemen berichten, werden Sie erstaunt sein, was für Lösungsvorschläge dann kommen. Auf viele dieser Sachen würden Sie aufgrund Ihrer Prägung nicht selbst kommen.

Bleiben Sie bodenständig und sprechen Sie ehrlich mit jedem Menschen. Unterschätzen oder überschätzen Sie niemanden. Wir alle haben unseren Alltag zu meistern und können von jedem, von wirklich jedem, wichtige Ansatzpunkte für unser eigenes Dasein sammeln.

Motivation erhalten

Ich werde später noch mehr auf „Sparkurse" einge-hen. Langfristig viel Sparen geht nur mit guter Motivation, denn die Höhe der Sparrate ist von der Einnahmengröße abhängig. Gönnen Sie sich also hin und wieder bescheidene Auszeiten. Bleiben Sie gesund und tun sie was dafür. Verbringen Sie Zeit an der frischen Luft und fahren Sie mal ein paar Tage weg.

Denn nur ausgeruht sind sie bereit für Höchstleistungen. Ein Urlaub z.B. kostet zwar erst mal Geld und Zeit, nach dem Urlaub gehen Sie die Sachen allerdings mit viel mehr Elan an. Sie wissen zudem, für was Sie kurzfristig arbeiten. Dabei ist es nicht wichtig, dass Sie wie einige Kollegen von mir Urlaub in einem fünf Sterne Hotel auf Mauritius machen. Wenn das Geld neben hohen Vermögenssparraten übrig ist, ist das natürlich auch drin. Es reicht auch mal ein verlängertes Wochenende z.B. in den Harz zu fahren, nach dem Motto lieber Harz als Honolulu. Die Wanderungen und die freie Zeit stellen Ihre Arbeitskraft wieder her und lassen Sie viel effektiver arbeiten, als wenn sie abgespannt mehrere Jahre ohne Urlaub durcharbeiten. Ein Fleischer arbeitet z.B. auch effektiver mit einem scharfen Messer. Das Messer scharf zu machen kostet jedoch erst mal Zeit und Geld. In der Zeit könnte er auch mit dem stumpfen Messer weiterarbeiten. Die Zeit zum Messer schärfen lohnt allerdings in jedem Fall, unterm Strich wird mehr Fleisch verarbeitet als mit einem stumpfen Messer trotz Auszeit fürs Schärfen.

Dies trifft genauso auf Seminare und Schulungen zu. Schärfen Sie Ihr Wissen. Erweitern Sie Ihren Horizont. Die Inhalte auf Seminaren sowie der Austausch mit den Mitlernenden motivieren Sie und lassen sie besser und effizienter arbeiten. Sie können also guten Gewissens pro Kalenderjahr 25 Tage verreisen und 5-10 Tage Seminare belegen. Diese investierte Zeit wird sich für Sie auszahlen, macht Sie kurzfristig erfolgreicher und erhält langfristig Ihre Motivation und vor allem Ihre Arbeitskraft.

Reichen Urlaube und Seminare aus, um Sie arbeitstechnisch topfit zu halten und hohe Einkommen zu generieren? Das kommt natürlich auf Sie persönlich an, ich muss mehr tun. So treibe ich regelmäßig, fast täglich, Sport. Ich stelle immer fest, dass ich an einem Nach-Sport-Arbeitstag viel erfolgreicher und entspannter bin als wenn ich am Vortag keinen Sport gemacht hab. Probieren Sie es aus. Sport ist natürlich nicht jedermanns Sache. Das gleiche gilt für Musikveranstaltungen oder Entspannung bei Kultur, Konzerten, Kinobesuchen etc. Entspannung mit Haustieren, z.B. der abendliche 1,5 Stunden Spaziergang mit Ihrem Hund. Das alles hilft, damit Sie langfristig gut dabei sind.

Kredite und so

Schon während meiner Bankausbildung hat mich das Thema Kredite nicht sonderlich interessiert. Warum war das so? Ich fing mit 16 Jahren meine Lehre zum Bankkaufmann an. Als unbefangener Jugendlicher mit etwas wirtschaftlichem Vorwissen. Seit meiner Kindheit konnte ich beobachten, wie meine Eltern es mit viel Fleiß und harter Arbeit es zu etwas brachten. Wie meine Mutter aus dem Nichts in ca. zehn Jahren ein gut laufendes Unternehmen mit ca. 20 Angestellten aufgebaut hat. Von diesen Beobachtungen profitiere ich noch heute und es lässt mich anders mit Geld umgehen.

Zwar hatte ich sicherlich durch den elterlichen Betrieb und der „kaufmännischen" Erziehung einige Grundlagen mit in die Wiege gelegt bekommen, fundiert war dieses Wissen mit 16 jedoch noch nicht. Es war intuitiv. Durch diese Intuition waren Kredite für mich in der Berufsschule uninteressant, da sie ja für mich privat auch nicht in Frage kamen. Wenn sich jemand 100.000 Euro bei einer Bank aufnimmt und nach der Rückzahlung fast das Doppelte an die Bank zurückgezahlt hat, fragte ich mich immer: Warum gibt er für diesen Gegenstand mehr als das doppelte aus? Ich kann es bis heute nur erahnen: sofortiger Wunscherfüllungsdrang und Verlangen nach Prestige.

Viel interessanter fand ich den Bereich der Geldanlage. Das so genannte Passiv-Geschäft der Banken. Meine Berufsschulfreunde und ich tauschten in Pausen beliebte Börsenmagazine aus und diskutierten die unterschiedlichen Aktienwerte und Geldanlageformen. Wenn es wieder in den Unterricht zur Bankbetriebswirtschaftslehre mit dem Thema „Avale" ging, fragten wir uns wieder einmal, was das für Säugetiere sein sollten. Es gehörte jedoch mal wieder zum Thema „Kredite und so". Das leidige Hauptthema der Bankausbildung. Jedes noch so kleine Detail, jede Form von Absicherung, damit die Bank doch irgendwie zurück zu Ihrem ausgegebenen Geld kommt, wurde äußerst intensiv behandelt. Zu meinem Leidtragen. Doch wenn Banken mit diesem Thema das meiste Geld verdienen und Ihre schönen Gebäude damit finanzieren, sollte es nun mal auch Hauptbestandteil meiner Ausbildung sein. Das Thema war jedoch einfach uninteressant. Denn Kredite sind pauschal zu teuer. Auch wenn Sie für nur 5% pro Jahr bei einem Kreditinstitut Geld bekommen, bezahlen Sie fast noch einmal das erhaltene Geld zur normalen Rückzahlung an die Bank in 25 Jahren zurück. Es fallen knapp 80.000 Euro Zinsen an. Haben Sie die einfach über? Ein klassischer Immobilienfinanzierungsrahmen. Kredite und so – für einen 16 jährigen uninteressant getreu dem Motto „Kindermund tut Wahrheit kund" Und genau so sehe ich es noch heute, nach ca. 13 Jahren Berufserfahrung im Finanzsektor.

Kredite sind schlecht.
Kredite machen Menschen und Familien kaputt.
Kredite setzen Menschen unter Druck und lassen Sie schlechte Dinge tun.

Ich selbst hatte, als ich mit 23 Jahren eine Immobilie zur Vermietung erworben habe, einen Kredit aufgenommen. Weil es mir empfohlen wurde. Bei vermieteten Immobilien wirst Du ja wohl mit Fremdkapital arbeiten, Sven. Bist doch vom Fach und Du kannst die Kosten dann voll steuerlich absetzen, so die Tipps. Toll. Absetzen, ja! Von 6% Zinsen hab ich allerdings nach „Steuererstattung" immer noch 4% bezahlt. In 25 Jahren also wieder das doppelte an die Bank zurückgezahlt. Kein guter Deal.

Und was ist dann passiert? Nach ca. vier Jahren kam ein Käufer und ich habe das Haus mit Gewinn veräußert. Das Geld musste also wieder an die Bank zurückgezahlt werden. Musste! Denn es war kein Gegenwert mehr in Form einer Immobilie da, auch wenn das erlöste Geld natürlich mehr war als die Restschuld. Die Bank forderte also einen „Strafzins" (Vorfälligkeitsentschädigung). Dafür, dass Sie nun das Geld wieder haben wollte. Gerne hätte ich das Darlehen bis zum Ende aus der Summe vom Kauferlös, der ja weit höher war als der Restkreditbetrag, weiter gezahlt, das Geld war schließlich vorhanden. Doch die Bank bestand auf Rückzahlung und forderte noch einen Strafzins. Schöne faire Welt. Im Bereich der Geldanlage wäre mir dies natürlich nicht passiert. Nun ist es bei annuitätischen Tilgungsplänen so, dass die Restschuld nicht parallel mit den gezahlten Raten abnimmt.

Am Anfang wird kaum getilgt, die Bank nimmt sich den Zins zuerst. Als ich also 700 Euro monatlich gezahlt habe, gingen anfangs erst einmal rund drei Viertel als Zins an die Bank. Lediglich ein Viertel wird in die Reduzierung der Restkreditsumme (Tilgung) verwendet. Die Bank gewinnt also immer. Nun durfte ich vier Jahre fast nur Zinsen zahlen, habe also von der

Restschuld nicht viel runterkommen können und durfte dann noch die Vorfälligkeitsentschädigung zahlen. Die Bank hat ein gutes Geschäft gemacht. Ich dank der Mieten und dank des guten Gewinns bei dem Verkauf auch. Das Geschäft wäre allerdings wesentlich besser verlaufen, wenn ich die Immobilie mit eigenen Mitteln gekauft hätte. Dies konnte ich mit 23 Jahren nicht und hab mich von den Sprüchen verleiten lassen, dass vermietete Immobilien immer „schlau" finanziert werden sollten. Solch ein Quatsch.

Sie denken also, Kredite sind schlecht für Urlaub etc. aber für Hausbau oder Wohnungskauf ist es OK? Ich hoffe, anhand des vorherigen Beispiels Ihre Meinung etwas geändert zu haben. Denn, was ist, wenn Ihre finanzierte Immobilie im Preis fällt und sie beruflich umziehen müssen? Richtig! Es bleiben mehr Schulden übrig als der Verkauf gebracht hat. Der einzige Schutz davor ist entweder sehr günstig zu kaufen, sodass kein geringerer Verkaufspreis als Kaufpreis entstehen kann. Doch das zu finden ist sehr schwer und kann Ihnen niemand garantieren. Also bleibt nur eins: Kaufen Sie mit Geld was Sie auch wirklich besitzen.

Natürlich kann man über Fremdfinanzierung nachdenken, wenn das Objekt sehr günstig angeboten wird und Sie sich das Schnäppchen nicht entgehen lassen möchten, nur weil gerade das Kapital für dieses tolle Geschäft nicht verfügbar ist. Aufgrund der höheren Gesamtbelastung durch Negativzinsen würde ich jedoch immer davon absehen. Ein anderes Beispiel: Im Jahr 2006 habe ich über eine Auktionsgesellschaft eine 45 m^2-Eigentumswohnung in einer Stadt am Rande des schönen Harzes zur Vermietung erworben.

Die Wohnung ist im guten Zustand gewesen und ich habe diese für 11.000 Euro per Telefongebot erworben. Da ich gerade zur Auktion nicht im Lande war, ich mich jedoch für diese Versteigerung beim Auktionshaus zuvor angemeldet hatte, klingelte das Telefon als ich den Strand von Alcudia auf Mallorca genoss. Ich konnte in Badehose am Strand per Telefon live im Auktionssaal mitbieten. Als mein Arbeitskollege (es war eine Belohnungsfahrt meiner damaligen Firma) von seiner Abkühlung aus dem Meer zurückkam, erzählte ich ihm, gerade eine Wohnung gekauft zu haben. Und dann noch zu dem Preis von 11.000 Euro für welche ich nun ca. 3000 Euro Jahresnettomiete erziele. Hätte ich damals das Geld dafür nicht gehabt, hätte ich die Wohnung aufgrund der sehr guten Rendite vermutlich auch gekauft und fremd finanziert. Bei sehr, sehr guten Geschäften macht dies also evtl. Sinn.

Ich bin jedoch froh, dass das Geld damals verfügbar war und ich nun die volle Rendite abschöpfen kann. Von den ersparten Zinsen kann ich erneut an den Ort des Immobilienerwerbs zurückkehren und die Sonne genießen. Schenken Sie also dem Kreditinstitut nicht Ihren wohlverdienten Urlaub. Kaufen Sie im Optimalfall erst dann, wenn Sie das Kapital angesammelt haben. Auch bei Immobilien.

Sparen Sie vorwärts!

Fangen Sie bei null an und sparen Sie bis Betrag X. Wenn Sie für eine Immobilie 100.000 Euro angespart haben, kaufen Sie inkl. Nebenkosten und Sanierungen bis max. 100.000 Euro oder lassen Sie es. Bitte gehen Sie nicht zur Bank und sparen wieder rückwärts. Sie zahlen viel, viel Geld an Zinsen und wenn was dazwischen kommt (siehe Kapitel zuvor) gewinnen Sie leider nicht gegen die Bank.

Vorwärts sparen bedeutet also: Sie möchten ein Fernseher für 800 Euro haben. Sie fangen heute bei null an und sparen jeden Monat, zum Beispiel 80 Euro dafür an. Nach zehn Monaten haben Sie 800 Euro auf einem Sonderkonto liegen, nehmen das Geld und gehen das Gerät kaufen. Im Laden kostet das Gerät nur noch 700 Euro, da in den letzten zehn Monaten das Gerät aufgrund des technischen Fortschritts an Wert verloren hat. Zudem erhalten Sie 20 Euro Nachlass, weil Sie sofort bar bezahlen. Sie nehmen das Gerät mit und freuen Sich über Ihre Disziplin, zehn Monate durchgespart zu haben. Ein schönes Gefühl. Die gewonnenen 120 Euro teilen Sie auf in:

1) 50 Euro Belohnungsessen mit Ihrer Partnerin bei Ihrem Lieblingschinesen oder -italiener

und

2) 70 Euro gehen zurück aufs Konto und sie haben einen Startbetrag für Ihr nächstes Vorwärtssparguthaben.

Die Alternative ist das Rückwärtssparen. Hier wollen Sie das Gerät sofort. Sofort, ohne das Geld zu besitzen. Ich will es Sofort, denn ich lebe jetzt. Verständlich? Ok. Schauen wir was passiert. Sie gehen ins Geschäft und nehmen das Gerät mit. 800 Euro natürlich, ohne Nachlass. Denn der Nachlass ist ja, dass Sie „ohne Zinsen" in 10 Monaten abstottern können. Ohne Zinsen? Nein. Ihr entgangener Gewinn ist die Barzahlungsmacht. Keinen Nachlass.

Sie packen das Gerät aus und denken: Tolles Gerät, doch nun muss ich in den nächsten 10 Monaten auf 80 Euro verzichten. Weniger Restaurantbesuche, ein evtl. überzogenes Konto zu 18% Überziehungszins. Naja wird schon gut gehen, irgendwie, hoffentlich.

Bei dieser Anschaffungsfinanzierung starten Sie also bei minus 800 Euro und stottern sich jeden Monat etwas runter bis die 0 Euro (schuldenfrei) wieder erreicht ist. Was glauben Sie, wer mehr Spaß am Gerät hat? Der Rückwärtssparer oder der Vorwärtssparer? Der Vorwärtssparer hat zum gleichen Gerät noch folgende Zugaben erhalten:

- 70 Euro Mehr Guthaben auf dem Konto

- Einen schönen Abend mit seiner Partnerin im Restaurant

- die Freude weniger gezahlt zu haben als geplant

- das stolze Gefühl den Betrag fürs Vorwärtssparen zehn Monate durchgehalten zu haben

- Niemanden gebraucht zu haben, keine Bank oder Finanzierungsabteilung eines Marktes, um sich sein gewünschtes Produkt zu kaufen.

Ratenzahlungen bei der Rückwärtsfinanzierung verhindern Ihren Plan vermögend zu werden. Denn anstelle für Ihren Wohlstand zu sparen, stottern Sie lediglich Ihr erworbenes Produkt ab. Hätten Sie sich das Gerät gekauft, haben Sie die Rate frei um zu sparen, damit Sie später mal viel Geld zur Verfügung haben. Versuchen Sie also bitte den Null-Prozent-Finanzierungen zu widerstehen und sparen Sie vorwärts.

5% Zins ohne Risiko

Eine der besten und sichersten Geldanlagen wird leider meist übersehen. Sie ist sicher und wird langfristig gut im Vergleich zu anderen Geldanlageformen in den sicheren Anlageklassen abschneiden.

Es handelt sich dabei um Ratenzahlungszuschläge.

Zahlen Sie Ihre Prämie z.B. an Versicherungen jährlich, so gewähren Ihnen die meisten Versicherer einen Vorteil von 5% zur monatlichen Zahlung. Zahlen Sie halbjährlich, erhalten Sie meist immer noch einen Vorteil von ca. 3%, je nach Versicherungsgesellschaft.

Eine vergleichbare Anlageform mit 5% Rendite ist zur Zeit nicht zu dieser Sicherheit am Markt erhältlich.

Wenn Sie also die Jahresrate „vorwärts" auf einem verzinsten Konto anlegen erhalten Sie zusätzlich noch zu den 5% Zinsen (wie o.g.) einen tagesaktuell gültigen Zinssatz am Finanzmarkt z.B. 1%. Diese Gesamtverzinsung beläuft sich dadurch sogar auf über 5%.

Der „Ratenzins" rechnet sich genauso bei Ansparprodukten wie z.B. einer Renten- oder Lebensversicherung. Sparen Sie dort einmal im Jahr komplett und verzichten Sie auf die monatliche Ratenzahlung so erhöht sich Ihre Ablaufleistung deutlich. Auch bei diesen Sparformen profitieren Sie vom Wegfall des 5%igen Ratenzuschlags der Finanzgesellschaften. 5%

also wieder in Ihrer Tasche für Ihren späteren Wohlstand.

Als Beispiel führe ich mal die KFZ-Versicherung mit einem Beitrag von 500 Euro auf. Dort sparen Sie bei jährlicher Zahlweise 25 Euro jährlich. Hinzu kommen Haftpflichtversicherung, Hausratversicherung, Gebäudeversicherung etc. Nochmal also als Beispiel 25 Euro Ersparnis durch Einmalzahlung. Bei der Berufsunfähigkeitsversicherung mit einem Jahresbeitrag von Beispielsweise 500 Euro noch mal 25 Euro Ersparnis.

Wenn Sie dann noch bei 2000 Euro Nettoeinkommen die im späteren Kapitel empfohlenen 10% also 200 Euro pro Monat sparen, sparen Sie erneut 120 Euro ein, da die 5% Ratenzuschlag in Ihrem Geldbeutel bleiben.

Bei einem ganz normalen Versicherungshaushalt können Sie also im obigen Beispiel locker knapp 200 Euro einsparen. Plus Zinsen, die Sie bekommen, da das Geld ja auf einem separaten, täglich verfügbaren Konto zu einem geringen Zinssatz angespart wird. Sie vermehren Ihr Geld also jährlich um 200 Euro. In 30 Jahren sind dies 6000 Euro plus Zins und Zinseszins. Gut angelegt können Sie in 30 Jahren zum Beispiel 10.000 Euro mehr auch für sich rausholen.

Es lohnt sich also, in allen Bereichen erst Kapital anzusparen und es dann auszugeben. Vorwärtssparen bringt Sie, wie Sie hier sehen, deutlich nach vorn.

Und wieder einmal lautet die Wohlstandsformel:
Erst sparen – dann ausgeben

Das große Geheimnis beim Sparen

Und nun kommen wir zum sechsten Punkt seiner Zugaben des Kapitales „Sparen Sie vorwärts": Er benötigt ab heute 80 Euro weniger um seinen gleichen Lebensstil zu halten. Großes Geheimnis? Skeptisch was jetzt kommt?

Es geht um Folgendes: Wenn Sie normalerweise 1500 Euro monatlich zum Leben benötigen und Sie verdienen 1800 Euro monatlich und sparen nichts. Nutzen die 300 Euro zum „Jetzt leben". Wohin gehen die restlichen 300 Euro? Sie gehen größtenteils drauf. Spontane Impulskäufe für Sachen, die Sie nicht brauchen und nicht glücklicher machen. Denn das Geld ist ja über. Geht es Ihnen nach solchen Käufen gut? Mir nicht. Ich habe ein schlechtes Gewissen, hart verdientes Geld für was ausgegeben zu haben, was ich eigentlich gar nicht brauche.

Packen Sie jedoch 200 Euro auf ein Sparkonto, haben Sie nur noch 100 Euro für unnütze Spontankäufe. Immer noch 100 Euro für unnütze Sachen. Reicht doch oder? Mittlerweile gebe ich auch einige Euro für unnütze Sachen aus, weil mein Einkommen dies hergibt. Sollte es einmal sinken, kann ich sofort an dieser Stellschraube drehen.

Packen Sie also bewusst Geld weg und schauen Sie, wie viel Sie wirklich brauchen. Sperren Sie dies Konto im Kopf und nutzen Sie es nur im Notfall. Es ist jedoch wichtig, dass Sie gleich nach Gehaltseingang dieses Geld wegpacken.

In meiner Bankarbeitszeit gab es beim Girokonto die Option, dass übrige Geld am Monatsende auf ein Sparkonto zu überweisen. Was glauben Sie wie viel Geld meist übrig war? Richtig ! Wenig oder gar nix. Denn immer haben die Kontoinhaber gedacht: „Ach, 50 Euro sind ja noch da und morgen kommt Gehalt, also geh ich heute nochmal schön Essen."

Geht das Geld direkt am Anfang auf ein im Kopf gesperrtes Sparkonto, dann steht es von vorn herein nicht zur Verfügung. Und es wird Ihnen meist nicht existenziell fehlen.

Dabei ist es erst einmal zweitrangig, ob das Sparkonto nun 0,5%, 1% oder 5% abwirft. Wichtig ist, dass Sie sparen! Legen Sie Geld zurück. Bitte sagen Sie sich nicht: „Ach, es gibt eh kaum Zinsen, dann gebe ich es lieber aus." Was meinen Sie, wie viel Vermögen Sie mit dieser Einstellung in z.B. 10 Jahren besitzen? In jedem Fall deutlich weniger als jemand der spart, obwohl die Zinsen niedrig sind. Nehmen Sie die Zinsen als Bonbon mit. Das Vermögen ansparen kann niemand anderes als Sie selbst. Wenn Sie eine Bank finden, die Vermögen für Sie anspart, bitte ich um eine kurze Nachricht an mich. Diese Bank müsste dann schon von Robin Hood gemanagt werden.

Dass Kapital tot ist, wenn es nicht hoch verzinst wird und daher eher konsumiert werden soll, ist natürlich eine tolle Sache für Politik und Wirtschaft. Es bringt mehr Mehrwertsteuer in die leeren Kassen (wenn sie wenigstens nur leer wären...) und die Wirtschaft freut sich, mehr zu   verkaufen. Tolle Sache. Nur leider nicht für Sie in 10 Jahren, denn dadurch besitzen Sie in 10 Jahren weniger als wenn Sie darauf hineinfallen. Es ist daher genau zu überlegen, ob das Geld nun für Kleinigkeiten ausgegeben werden soll oder Sie sich in X Jahren zu den „Vermögenden" zählen wollen. Bitte fallen Sie also nicht auf diese Sprüche rein. Es ist natürlich sehr bequem zu sagen: Die haben recht, komm wir gehen Shoppen". Es bringt Sie allerdings nicht in Ihrem Ziel weiter, Vermögender zu werden.

Ich kann Ihnen versichern: Geld macht zwar nicht glücklich, ein ordentliches Polster beruhigt jedoch sehr und lässt ein entspannteres und sorgenfreieres Leben zu. Bauen Sie sich ein Polster auf! Es ist die optimale Ergänzung zu Sport und gesundem Essen. Die Beruhigung werden Sie spüren. Diese Entspannung ist deutlich höher als der Entspannung vor einem neueren und größeren LCD Fernseher für 1999 Euro.

Goldene Dispositionskredite

Das gleiche gilt für Dispositionskredite. Sie zahlen der Bank je nach Institut ca. 12 % Zinsen (und bekommen zur Zeit auf dem Sparbuch ca. 0,5%). Und ist die genehmigte Überziehung (Dispositionskredit) dann eine geduldete Überziehung (über dem Dispositionskredit), belaufen sich die Zinsen schnell mal auf rund 18 %. Teurer geht es kaum.

Benötigen Sie Ihre Anschaffung so dringend, um dafür 18% Zinsen zu zahlen? Kaufen Sie es doch einfach, wenn das Geld da ist, die Freude über die angesparte Anschaffung ist viel größer. Wenn Sie den Gegenstand dann überhaupt noch möchten. Vielleicht sind Sie auch davon abgekommen oder der Preis ist gefallen. Evtl. ist dann, wenn das Geld angespart ist, der Preis so sehr gesunken, dass noch Geld für einen kleinen Urlaub übrig ist. Ein gutes Geschäft. Ein schlechtes Geschäft machen Sie bei der Finanzierung über den Dispositionskredit.

Als Bankangestellter richtete ich meinen Kunden oft Dispositionskredite ein. Nach erfolgreicher Unterzeichnung des Dispositionskreditvertrages, fragten Kunden dann oft: „Ist das Geld schon drauf?" Ich wies damals immer darauf hin, dass das Geld nicht drauf sein, sondern lediglich ein Kreditlimit nun eingerichtet ist und die Bank die Überziehung bis beispielsweise 2000 Euro nun genehmigt. Dies interessierte die Kunden oft nicht und sie gingen weiter shoppen. Wo vorher das Konto immer gegen die Null kämpfte, kämpfte das Konto ab sofort dagegen, nicht mehr unter die 2000 Euro Minus zu rutschen. Langfristig viel mehr Geld und mehr Wohlstand hatten die Kunden also nicht gewonnen. Im Gegenteil: Einmal ein schöner Kauf und danach immer das schlechte Gefühl in der Kreide zu stehen und hohe Zinsen zu zahlen. Ein Kontostand von durchschnittlich minus 2000 Euro im genehmigten Bereich des Dispositionskredits kostet den Kunden 240 Euro jährlich an Zinsen.

Kein Wunder also, dass die Banken gerne Dispositionskredit einräumen. Wissen Sie doch, dass die Kunden dies gerne als eigenes Geld sehen, gerne ausgeben und sie schön Zinsen kassieren für ein relativ kurzfristiges und gutes Risiko.

Im gewerblichen Bereich müssen Kunden sogar bei manchen Kreditinstituten eine Bereitstellung des Dispositionskredites zahlen. Auch wenn das Unternehmen nie im Soll steht, werden ca. 2-3% berechnet. Ein Dispositionskredit eines Unternehmens über 50.000 Euro kostet so also schnell 1000-1500 Euro ohne dass der Kredit überhaupt abgerufen wird. Was sagen Sie dazu? Warum sind eigentlich die Zinsen im Bereich Dispositionskredit fast unverändert in den letzten Jahren und der Sparzins schrumpft und schrumpft? Bei Sparbüchern meist sogar auf unter 1%.

Sichere Geldanlagen zu guten Zinsen bei Ihrer Bank? Bitte teilen Sie mit, bei welcher Bank Sie fündig geworden sind, ich selbst suche immer noch vergebens.

Sinnvolle Kredite

Aus meiner tiefsten Überzeugung heraus gibt es nur zweieinhalb sinnvolle Zwecke für Kredite und so.

Der erste ist im gewerblichen Bereich anzusiedeln. Dies betrifft Firmen, die ein Produkt oder eine Dienstleistung oder dergleichen anbieten und wachsen möchten / müssen.

Zum Beispiel, weil die Nachfrage gerade so hoch ist, dass die Gesellschaft gerade aus den bestehenden Mitteln und Maschinen etc. dieser Nachfrage nicht nachkommen kann. Der Markt fordert mehr als das Unternehmen leisten kann. Jetzt muss das Unternehmen schnell handeln, damit die Nachfrage des Marktes nicht von einem anderen Unternehmen bedient wird. Es muss also Fremdkapital ran, um Maschinen und Produktionen zu erweitern. Somit wächst das Unternehmen und kann die Nachfrage bedienen. Hoffentlich besteht die hohe Nachfrage länger als die Restkreditlaufzeit. Sonst war auch hier der Sinn der Fremdfinanzierung in Frage zu stellen.

Die zweite sinnvolle Kreditverwendung ist im privaten Bereich. Dies betrifft Anschaffungen, die wirklich unabdingbar sind, meist unvorhergesehen. Eine fünfköpfige Familie z.B., der die Waschmaschine heute kaputt geht. Da muss eine neue her, ganz klar. Und wenn die Familie kein finanzielles Polster geschaffen hat, ist ein Kredit immer noch besser als keine Wäsche mehr zu waschen. Doch warum ist es so weit gekommen? Egal, nun ist es zu spät. Ab sofort ein paar Taler zurücklegen und die Waschmaschine abstottern. Beim nächsten Ausfall dann bitte die Reserven verwenden und nicht den Ratenkredit über 6% Zinsen. Oft erlebe ich solche finanziellen Schicksalsschläge in meinem Bekanntenkreis. Und oft muss dann eine Waschmaschine für 800 Euro her, weil dort ein schöner Name drauf steht und sie 20 anstatt 10 Waschprogramme hat. Eine solche hochwertige Waschmaschine kann gerne gekauft werden, wenn das Geld da ist. Lifestyle.

Wenn schon finanziert werden muss und eigentlich gar kein Geld für ein solches Gerät vorhanden ist, schlage ich vor, sich im günstigeren Segment um die 300 Euro umzuschauen und auf 10 Waschgänge und einen leiseren Schleudergang zu verzichten. Wenn diese Maschine dann nach z.B. 8 Jahren defekt ist, kann ja aus dem Ersparten die gute Waschmaschine für 800 Euro gekauft werden, die dann auch gerne 12 Jahre hält. Unterm Strich immer noch kein gutes Geschäft im Vergleich zur 300 Euro Maschine, aber immerhin ohne Zinsbelastung und mit leiserem Schleudergang und Beleuchtung der Sichtklappe.

Die letzte halbsinnvolle Kreditmöglichkeit ist, da mache ich mir keine Freunde, die Immobilienfinanzierung. Wie vorhin schon beschrieben, habe ich selbst einmal ein vermietetes Haus, dass ich 2005 gekauft habe, finanziert. Mittlerweile ist es ja wieder verkauft und der Kredit zurückgezahlt, wie schon beschrieben. Ich möchte hier auf die Immobilienfinanzierung eingehen.

Immobilienfinanzierung sinnvoll?

Wie beschrieben fallen bei den o.g. Bedingungen (5% Zins und 25 Jahre Laufzeit) pro 100.000 Euro Kaufsumme rund 80.000 Euro Bankgewinn an. Oder auch Zins genannt. Wie lange müssen Sie für 80.000 Euro netto arbeiten? Für 80.000 Euro muss ich in jedem Fall jede Menge Bücher verkaufen und viele, viele, ja unzählige Kundengespräche in meinem Beruf führen. Diese Zinsen sind schon mal weg. In meiner Region legen Sie für ein vernünftiges Haus rund 200.000 Euro auf den Tisch. Die Zinsbelastung beläuft sich also in diesem Beispiel auf rund 160.000 Euro!!! Geld, das Sie erst einmal verdienen müssen und nun der Bank geben.

Nun wirbt die Immobilienbranche mit Slogan wie „Ihre Miete in die eigene Tasche zahlen" oder „Selbst besitzen statt den Vermieter reich zu machen"

Nicht jeder Mensch ist zum Immobilienbesitzer bestimmt und verfügt über das notwendige Einkommen oder Kapital dafür. Hier meine Gedanken dazu:

Selbst wenn Sie ein günstiges Haus erworben haben und dieses Haus mit viel Eigenleistung ausgebaut und erweitert haben, fallen doch immer laufenden Kosten an. Kosten, die Sie als Mieter nicht haben. Die Finanzierungsrate, die vielleicht nur unwesentlich höher ist als Ihre jetzige Miete ist, trügt oft. Vielleicht (!) haben Sie es geschafft, eine 30jährige Finanzierung zum gleichen Preis wie die Miete zu bekommen. Und das Haus gehört nach 30 Jahren endlich Ihnen.

In den 30 Jahren Finanzierung fallen jedoch jede Menge an Kosten an. Bitte denken Sie nur an laufende Reparaturen oder gar an eine Keller- oder Dachsanierung. Was ist, wenn eine ungeplante Sanierung von z.B. 50.000 Euro wg. einem nassen Keller und undichten Dach „ins Haus" steht? Und dann noch in der Finanzierungszeit, wobei doch die Rate ganz knapp kalkuliert ist und Sie jetzt schon auf viele Sachen verzichten müssen? Wenn Sie so finanziert haben, wünsche ich Ihnen wirklich aus tiefstem Herzen Glück, dass alles gut geht. Gut schlafen könnte ich dabei nicht.

Als Mieter hingegen leben Sie sorgenfreier. Die Sanierungen und Hausreparaturen zahlt der Vermieter, Sie dafür eine Nutzungspauschale namens Miete. Natürlich hat ein eigenes Haus Vorteile. Sie können damit machen, was Sie wollen und müssen niemanden um Erlaubnis fragen. Doch was ist z.B., wenn finanziert haben und Sie arbeitslos werden, weil die Wirtschaft mal wieder eingebrochen ist? Wer weiß, wie lange wir noch den Euro haben und was dann mit unserer heimischen Wirtschaft passiert.

In meinem Bekanntenkreis bauen viele in einem günstigen Ortsteil. Finanzieren und bauen für z.B. 200.000 Euro. In einem 1000 Einwohner Dorf ohne Laden. Die Gebrauchtimmobilienpreise liegen dort für diese Größe dann bei 120.000 Euro. Natürlich kann sich der Bauherr alles so bauen wie er möchte und hat alles neu. Nur was ist nun, wenn er beruflich umziehen muss? Die Darlehenssumme beträgt knapp 200.000 Euro, in den ersten Jahren wird aufgrund des Annuitätenverlaufs kaum getilgt sondern nur Zinsen an die Bank gezahlt. Wenn so ein Haus dann verkauft werden muss und nur 130.000 Euro bringt, weil es nicht in schöner Stadtlage liegt, bleibt der ehemals stolze Bauherr auf einem Restkredit in Höhe von 70.000 Euro sitzen und hat kein Haus mehr. Sie müssen also fortan einen Kredit bedienen und noch Miete zahlen. Das könnte zum Ruin werden. Ein Verkauf / beruflicher Umzug kommt somit nicht in Frage und es tritt evtl. die o.g. Arbeitslosigkeit ein.

Als mit einem Kredit finanzierender Immobilienbesitzer sind Sie also ziemlich unflexibel.

Rund jede zweite Ehe wird geschieden. Finanzieren Sie zu weit und trennt sich der eine Partner vom anderen, ist weiterhin die volle Rate zu zahlen, das Einkommen hat sich allerdings eventuell halbiert. Eine Zwangsverwertung seitens der Bank droht. Wenn es für diesen Menschen nun schlecht läuft, wird das Haus weit unter Verkehrswert verkauft. Ich habe einmal ein Haus mit einem Verkehrswert von ca. 230.000 Euro für unter 70.000 Euro ersteigert, als Beispiel am Rande. Eine evtl. Restschuld muss im schlimmsten Fall bis ans Lebensende abgetragen werden.

Sind in der Familie zwei hohe Einkommen vorhanden, kann das meist noch kompensiert werden. Bei normalen Einkommen jedoch ist das oft das Scheitern. Wäre da eine Miete nicht erst einmal besser?

Daher auch hier meine dringende Empfehlung: Sparen Sie vorwärts. Sparen Sie zuerst das Kapital an und kaufen Sie das Haus, wenn das Geld da ist. Finanzieren Sie wenn überhaupt nur einen kleinen Teil. Mein eigen bewohntes Haus habe ich genauso bezahlt und ich bin sehr zufrieden mit der Situation. Erworben habe ich es für unter 50% des Verkehrswertes. Saniert, renoviert und erweitert habe ich es immer so wie gerade Geld da war. Mittlerweile befinden sich Sauna, Fitnessraum und Whirlpool bei mir im Haus. Welcher Immobilienbesitzer hat während der Finanzierung für solche Spielereien Geld über, wenn es bis Oberkante finanziert ist? Die wenigsten. Wenn Sie jedoch nun fortan mietfrei wohnen und das Geld übrig ist, können sicher auch mal solche Spielereien eingebaut werden.

Insgesamt ist dieses Haus, trotz Sauna und Whirlpool, natürlich etwas älter und teils bescheidener als von meinen Kollegen, die teilweise bis zur maximal möglichen Kreditsumme finanziert haben. Es lässt mich aber sehr ruhig schlafen und da verzichte ich gerne mal auf ein Architekten-Designer-Treppenhaus.

Achten Sie also bitte, wenn Sie im eigenen Haus wohnen möchten auf folgende Dinge:

1.   Kauf aus Eigenkapital
2.   Fairer Kaufpreis
3.   Günstige Folgekosten
4.   Gute Lage für schnellen und guten Verkauf

Die Wurzel des Übels

Warum machen das also nicht alle so? Sorgenfreies Leben ohne Kredite, Bescheidenheit, ein Leben ohne finanzierte Statussymbole. Nicht die Frage, ob Sie irgendwann mal vermögend sind, sondern WANN!

Die Antwort: Konsumverzicht ist out! Geld jetzt ausgeben ist in! Warum ist das so?

Von allen Seiten wird geworben. In allen TV-Sendern wird Ihnen in Ihre Kaufentscheidungen reingeredet. Warum sollten Sie z.B. ein neues Smartphone haben wollen, obwohl Sie mit dem alten sehr zufrieden sind und vor allem sehr gut eingearbeitet? Weil die Werbung mal wieder berichtet, was für tolle Möglichkeiten doch das neue Gerät hat. Doch warum brauchen Sie dies, wenn Sie doch mit Ihrem alten Gerät zufrieden waren und dieses die Funktion nicht hatte? Die Werbung feuert den Konsum an, neue Handys, neue Autos, neue Lifestyle-Produkte.

Das alles muss nicht sein. Nehmen Sie das Geld, sparen Sie es und werden Sie vermögender als Ihre Mitmenschen. Belächeln Sie all jene, die Ihnen Ihre neuen Nobelprodukte vorführen. Dafür sind Sie später vermögender, denn Sie sparen sich diese unnützen Ausgaben und sind dem Konsumreiz nicht auf den Leim gegangen. Ein schönes Gefühl. Haben Sie schon mal abends auf eine Schokolade oder auf ein Eis verzichtet, obwohl es Sie danach gelüstet hat? Wie war das Gefühl? Gut, weil Sie gesünder und kalorienärmer den Tag beendet haben? Genauso ist es auch, wenn Sie den Werbeversprechen widerstehen und Ihr Geld zusammen halten.

Finanzielle Generationen

Bei meinen täglichen beruflichen Beobachtungen stelle ich fest, dass besonders die Generation, die heute 60-80 Jahre ist, oft über einiges an Geld besitzt. Daher überlegt die Politik auch Erbschaften höher zu versteuern, da in den nächsten zwei Jahrzehnten zig Milliarden in Deutschland über Erbschaften die Besitzer wechseln werden. Doch warum hat diese Generation so viel Geld? Sie hatten doch die schlechte Kriegszeit.

Leider sind dann auch die heute 40-60Jährigen nicht ganz so gut gestellt und werden es auch im Rentenalter nicht sein. Warum eigentlich? Diese Generation erlebte das Wirtschaftswunder, die Börsenhochflüge und hatte keine Kriege zu durchstehen.

Ganz einfach. Die ältere genannte Gruppe hat gelernt, mit wenigem auszukommen und pflegt Ihren oft bescheidenen Lebensstandard bis ins hohe Alter. Denn diese Generation hat es gelernt, sparsam mit Ihren Ressourcen umzugehen.

Die zweitgenannte Generation hingegen lebte relativ im Überfluss. Hohe Lohnsteigerungen, hohe Zinssätze für Sparguthaben und eine ständig wachsende Wirtschaft mit geringer Arbeitslosenquote. Also wohin mit dem Geld? Genau, ausgeben, bis die Kreditkarte glüht. Einfamilienhäuser de Luxe, neue Autos, neueste Technik, ständige Urlaube etc.

Es ist doch klar, dass dann auch diese Generation meckert, dass wenig Geld übrig ist. Hätte die ältere Generation mit Ihrer Ausgabenbremse dieses Einkommen zur Verfügung, wir hätten in Deutschland wesentlich mehr vermögende und reiche Menschen.

Ein weiteres Problem ist die „Sandwich-Problematik". Die heute 40-60 jährigen haben oft ein Kind, dem sie die lange Ausbildungszeit finanzieren. Es ist heute an der Tagesordnung, dass Kinder bis 25 Jahren kein oder kaum eigenes Geld verdienen.

Gleichzeitig muss sich diese Generation finanziell oft um die Eltern kümmern. Haushaltshilfen oder gar Pflegekosten kommen auf diese Generation zu. Das demographische Problem, dass Ältere immer älter werden, trifft hier finanziell hart.

Doch was kann diese Generation tun? Den Eltern helfen, da führt kein Weg drum herum. Doch wie sieht es bei der unteren Seite des Sandwiches aus? Müssen Kinder während des Studiums 700 oder 800 Euro pro Monat zur Verfügung gestellt bekommen? Würde ein Betrag von etwa 400 Euro nicht auch genügen? Somit wäre der Sprössling gleich gezwungen, bereits während des Studiums nebenher fleißig zu arbeiten um 200 oder 300 Euro dazuzuverdienen. Somit lernen die Kinder neben dem Studium / der Ausbildung gleich noch das Fleißig sein. Nicht schlecht oder?

So tut sparen nicht weh

Und genau dieses Prinzip können Sie sich nun zu Ihrem Nutzen machen. Egal, ob sie 20 oder 60 sind. Sie haben doch nun ein gewisses Einkommen zum Leben zur Verfügung, richtig? Und irgendwie kommen Sie damit zurecht, oder?

Nun verwenden Sie doch einfach künftige Mehreinnahmen nicht für den Konsum, sondern legen Sie dieses Geld weg. Wenn Sie heute z.B. 3000 Euro zur Verfügung haben und Ihre Frau fängt einen Nebenjob an und verdient dort 300 Euro. Wozu brauchen Sie die 300 Euro? Sie haben diese doch nun auch nicht. Nehmen Sie diese 300 Euro und legen Sie es auf ein geschlossenes Konto, mehr dazu später.

Was machen Sie mit Lohnerhöhungen? Sie kaufen mehr und konsumieren mehr. Das gönne ich Ihnen. Ich gönne Ihnen allerdings noch viel mehr, dass Sie später vermögend oder gar reich sind und Geld Ihnen keine Sorgen mehr bereitet. Ist das nicht viel schöner, ein tolles Gewissen zu haben und nicht mehr jedem Euro hinterherrennen zu müssen? Also verzichten Sie auf ein bisschen und lassen Sie es sich später besser gehen.

Nehmen Sie die Lohnerhöhung und packen Sie diese sofort weg. Bitte sofort. Das ist wichtig, dass Sie sich nicht an diese Lohnerhöhung bei Ihren Einkäufen gewöhnen können. Haben Sie z.B. 100 Euro Lohnerhöhung monatlich und sagen sich: „Ach, das Buch von Sven Overbeck hat mich zwar angesprochen und ich werde das Geld sparen, doch: 6 Monate lang gebe ich das „Mehrgeld" aus und lebe gut."

Sie werden sich an die tollen Sachen, die Sie mehr kaufen, gewöhnen und in 6 Monaten nicht anfangen zu sparen. Das ist wie das Rauchen: Fangen Sie einfach nicht damit an, denn sonst können Sie nicht mehr aufhören – Suchtpotenzial. Und genau dies Suchtpotential liegt auch im Konsum.

Bitte nehmen Sie also sofort Ihre Lohnerhöhung und werden sie damit sparend vermögend.

Wie im vorangegangenen Kapitel beschrieben liegt die Crux darin, dass Sie absichtlich versuchen sollten, mit weniger Geld auszukommen als Sie es eigentlich könnten. Sparen Sie also möglichst viel monatlich FEST weg, damit Ihnen möglichst wenig zum Leben bleibt. Das sollte natürlich schon ein Restbetrag sein, der Ihnen einen annehmbaren Lebensstil genehmigt. Sie werden jedoch sehen, Sie kommen auch mit weniger aus.

Dankbar bin ich aus einer Erkenntnis aus einem Gespräch mit einer Freundin. Ein Grund für die Hochachtung vor dieser Freundin ist unter anderem ihr Fleiß und ihr Antrieb, Geld verdienen zu wollen und erfolgreich zu werden. Sie will etwas aus ihrem Leben machen. Nun sprach Sie mit mir darüber, dass Sie nun zu Ihrem Ausbildungsstart etwas Geld für ihre Lebenshaltung ausgeben muss. Kurz gesagt, sie muss selbst Einkäufe tätigen und ihre laufenden Ausgaben selbst finanzieren. Ihre Eltern beteiligen sie nun somit an ihren Kosten für das tägliche Leben. Bis zum Abitur haben das ihre Eltern komplett getan. Dass Sie nun dafür selbst Geld ausgeben muss, fand sie nicht fair, denn es wurde doch bisher alles bezahlt. Und sie wohnt schließlich immer noch zu Hause, so Ihre Argumentation.

Mir fiel es schwer, mich in diesem Moment nicht bei ihr unbeliebt zu machen. Denn ihre Eltern liegen wirtschaftspädagogisch absolut richtig. Mehr noch: Sie bereiten ihre Tochter optimal auf das Leben außerhalb des Elternhauses vor. Sie unterrichten sie nun, dass das Geld, was vom Arbeitgeber auf ihr Kontokorrentkonto eingeht, nicht komplett für den Konsum verprasst werden darf. Sicherlich dachte meine junge Freundin daran, die monatlichen Geldeingänge erst einmal ordentlich auszugeben in Form von Restaurantbesuchen, Urlauben, Kleider usw. Das komplette Geld war also in schöne Dinge verplant.

Doch was würde passieren, wenn sie dies so vollzieht? Sie gewöhnt sich an diesen ach so schönen Lebensstil. Irgendwann steht dann zum Beispiel die eigene Wohnung auf dem Plan obwohl das Einkommen gleich oder ähnlich geblieben ist. Die vorgenannten Kosten entstehen dann ganz plötzlich für sie, ohne Vorankündigung. Kosten für die Wohnung, Kosten für Essen und Trinken (zu Hause), Kosten für Strom, Heizung, Internet usw. Generell also Kosten für die Lebenshaltung.

Wenn sie nun gewohnt war, ihr Einkommen komplett auszugeben, wird sie ihren Lebensstil nicht oder nur schwer zurückfahren können. Wenn der Lebensstil nicht zurückgefahren wird und höhere Ausgaben das

Einkommen übersteigen, droht Verschuldung. Verschuldung, dem Feind des Wohlstands. Die Eltern der jungen Dame führen ihr mit ihrer Abgabe bzw. der Trennung ihrer Lebenshaltung vom Einkommen der Eltern, also nur vor Augen, was später alles auf sie zukommt. Sie nehmen ihr nun absichtlich Geld weg, damit sie später, ohne Schutz des Elternhauses, mit dem Einkommen abzüglich der Lebenshaltungskosten gut auskommt.

Eine bessere und praxisnähere Ausbildung in haushaltswirtschaftlichen Angelegenheiten kann ich Ihnen nicht nennen. Dabei geht es Ihren Eltern sicher nicht um Geld an sich. Ich kann mir bei diesem Haushalt nicht vorstellen, dass das Abgabengeld bei den Eltern benötigt wird. Meiner Ansicht nach hat es eine rein pädagogische Wirkung und mit Absicherung und Aufsicht durch die Menschen, die Sie lieben, Ihren Eltern, zu tun.

Warum findet sie es unfair? Weil sie bisher, als Kind und Teenager, nicht dafür aufkommen musste. Sie hat sich dran gewöhnt, dass Papa und Mama fast alles zahlen. Wir alle wissen, dass es so nicht weitergehen kann. Der Einzige, der für uns weiterzahlt, wenn wir aus dem Elternhaus sind, ist der Staat mit Hartz IV. Doch das sollte doch niemand als Ziel definiert haben, der sich dieses Buch gekauft hat. Es findet also eine Entwöhnung von komfortablen Gewohnheiten statt. Früher oder später muss jeder auf eigenen Beinen stehen und je früher damit angefangen wird, umso leichter ist es für die Umsteiger vom Fremdfinanzierten ins Eigenfinanzierte Leben. Ich bin sicher, dass meine Bekannte durch diese Maßnahme in ihrem weiteren Leben niemals von fremden Menschen abhängig sein muss und immer in der Lage sein wird ihr Leben selbst zu bestreiten. Weil ihre Eltern sie frühzeitig daran gewöhnt haben, selbst für ihre Lebenshaltung aufzukommen.

Sehen Sie das Verhalten der Eltern ihrer Tochter gegenüber ebenfalls als sinnvoll an? Dann können Sie dieses Beispiel für Ihren Plan, Wohlstand zu erlangen zu Ihrem Vorteil nutzen. Nehmen Sie sich absichtlich, direkt nach Geldeingang, jeden Monat etwas Geld weg. Natürlich werden Sie dies erst einmal wie meine Bekannte im o.g. Beispiel als „unangenehm" empfinden. Langfristig wird es Sie nach vorne bringen. Packen Sie das abgezwackte Geld auf ein Konto, auf das Sie nicht so schnell zugreifen oder am besten gar nicht zugreifen können. Somit lernen Sie, ohne dieses Geld zu leben und Sie sparen sich vermögend. Jede weitere Gehaltserhöhung brauchen Sie nicht unbedingt. Sie leben schließlich auch jetzt gut damit. Packen Sie dieses Geld und weitere nicht erwartete Geldeingänge auf Ihr Einbahnstraßen-Konto und werden Sie vermögend und befreien Ihre Seele und Ihren Verstand von den Sorgen finanzieller Probleme.

Ein ähnliches, jedoch negatives Beispiel ist eine Führungstechnik, die einige personalverantworliche Manager jungen Brancheneinsteigern empfehlen. Sie empfehlen ihren neuen Schützlingen erst mal schön auf Pump einzukaufen. Großes, neues Auto leasen/finanzieren, Konsumentenkredite für Wohnungseinrichtung und Kleidung oder gar eine „Oberkantenfinanzierung" für die eigenen vier Wände. Welcher junge Mensch sagt dazu schon Nein? Das hat für die

Tipps gebenden Führungskräfte einen riesen Vorteil: Der junge Mitarbeiter ist verschuldet und muss einen hohen monatlichen Kapitaldienst leisten. Damit er überleben kann, muss er nun viel und hart arbeiten. Er muss erfolgreich sein, ansonsten droht der finanzielle Kollaps. Ich verachte dieses Modell und sehe es als falsch an. Kurzfristig wird so ein Angestellter sicherlich viel erarbeiten. Er wird, wenn er im Verkauf tätig ist, viele Abschlüsse tätigen. Doch zu welchem Preis? Da er diese hohen Ausgaben hat und keine andere Wahl hat als Sachen auf Teufel komm raus zu verkaufen, leidet die Qualität. Die Qualität der Beratung und der bedarfsgerechte Verkauf für den Kunden rücken in den Hintergrund, denn dieser Berater hat nur seine hohen Kosten im Kopf und muss deswegen unbedingt verkaufen. Sonst steht ihm die Pleite ins Haus.

Sicherlich ist Ihnen schon klar, was das auch psychisch für diesen Menschen bedeuten muss. Er wird wissen, dass seine Beratung nicht gut war und er nur abschlussorientiert beraten hat. Der Druck und das Gefühl, dem Kunden einen schlechten Dienst geleistet zu haben, setzen ihm zu. Im schlimmsten Fall wird er seelisch und/oder körperlich krank und kann gar nicht mehr arbeiten.

Im vorhin positiven Beispiel ist es immer möglich, auch wenn mal keine Erfolge erreicht werden, die Raten zu reduzieren, sei es weil eine Kostenbeteiligung an einen Verwandten zu zahlen ist oder weil Sie vorwärts sparen. Beim „vorwärts sparen" können Sie jederzeit auch mal weniger sparen. Natürlich nur im Notfall. Banken und Leasinggeber sind nicht so kulant und setzen Sie ordentlich unter Druck.

Einmaleinnahmen

Genauso ist es mit Gewinnen und Einmalauszahlungen. Verprassen Sie das Geld nicht in den so schönen und sonnigen Konsum. Nehmen Sie z.B. eine ausgezahlte Lebensversicherung und fügen Sie dieses Geld als Baustein in Ihren Vermögensplan ein.

Als Lebens- und Rentenversicherungsspezialist fahre ich regelmäßig zu meinen Kunden, bei denen Kapitalversicherungen bald ausgezahlt werden. Eine freudige Nachricht, denn diese Menschen haben z.B. 20 Jahre auf Geld verzichtet und bekommen es nun auf einen Schlag ausgezahlt. Früher habe ich immer gefragt, was die Kunden nun mit dem Geld machen möchten und hoffte auf den Satz: „Nichts, ich spare es weiter, um später mal vermögend zu sein und ich finanziell unbesorgt leben kann." Doch dieser Satz kam einmal in 100 Gesprächen. Die Aussagen waren: „Davon kaufe ich mir ein Wohnmobil, wollen sie mal das Prospekt sehen?" oder „Ich baue ein tolles neues Badezimmer." oder „Ich kaufe eine neue Küche." oder „Ich fahre davon in Urlaub." oder „Ich kaufe neue EDV-Technik." oder „Ich kaufe einen neue Wohnzimmerausstattung." oder „Ich kaufe ein Motorrad." oder „Ich kaufe ein Originalautogramm von der Kelly Family." oder „Ich feiere meinen 50. Geburtstag in Saus und Braus."

Natürlich hat jeder Verwendung für Geld. Ich auch. Ich hätte sofort eine Idee, wenn ich all mein Geld morgen ausgeben müsste. Einige der obigen Sachen sind auch dabei. Doch das wäre zu schade für Ihre Sparbemühungen über mehrere Jahrzehnte.

Mittlerweile frage ich meine Kunden: „Warum haben Sie damals vor 20 oder 30 Jahren diese Rentenversicherung oder Lebensversicherung mit Kapitalauszahlung abgeschlossen?" Die Kunden hatten da nicht vor, 50.000 Euro in ein Wohnmobil zu investieren, dass in fünf Jahren nur noch die Hälfte wert sein wird und bis dahin noch jede Menge Kosten verursacht.

Nein, das Ziel eines solchen Vertrages ist zu 95%: „Damit es mir später mal besser geht." oder „Damit ich auch später genug Geld zum Leben habe."

Sprich: Es ist zur Vermögensbildung abgeschlossen worden. Es ist jedoch alles andere als vermögensbildend, ja schon gar nicht vermögenserhaltend, dieses Geld in ein Wohnmobil zu verprassen, egal wie schön das Mobil auch ist und wie viele Satelliten sie mit der Parabolantenne ansteuern können.

Legen Sie das Geld wieder an und erhöhen Sie, wenn Sie es brauchen, Ihre monatlichen Einnahmen.

Reserven im Alter

Was ist z.B., wenn Sie mit Renteneintritt also in der Regel mit 67 merken, dass das monatliche Geld nicht mehr reicht? Wenn Sie nichts gespart haben, sind Ihre monatlichen Ausgaben auch sehr hoch, denn das komplette Geld ist in den Konsum gegangen.

Was ist, wenn mit 67 die erwartete gesetzliche Rente doch nun 20% geringer ausfällt, weil vielleicht die Menschen aufgrund der guten medizinischen Versorgung noch älter werden. Dies ist natürlich sehr wünschenswert. Und was ist, wenn Sie in einem Geburtenstarken Jahrgang sind und mit Ihnen ganz viele andere Menschen in Rente gehen und die Geburtenrate von vor 20 Jahren so gering war, dass nun wenige junge Menschen für Ihre Rente zahlen?

In diesem Szenario wären 20% weniger Rente gar nicht so schlecht, oder? Das kann besonders die Babyboom-Generationen, also die 40-55Jährigen treffen. Und die aktuelle Geburtenquote sinkt deutlich, da sich immer mehr Frauen aufgrund des wachsenden Bildungsstandes mehr auf Karriere anstatt auf „viele Kinder" konzentrieren.

Sie stehen also mit 67 da und müssen mit einer erhöhten Einheitsrente in Höhe von vielleicht 800 Euro leben obwohl Sie vorher 2000 Euro im Monat ausgegeben haben? Was ist dann? Mit 67 haben Sie auch nur noch wenige Hinzuverdienstmöglichkeiten.

Wäre es dann nicht schön, wenn Sie die 50.000 Euro dann noch hätten? Sie also darauf verzichtet haben, es zu verprassen als Sie es in jüngeren Jahren bekommen haben? Und mit Zins und Zinseszins sind es nun auch schon noch mehr als 50.000 Euro.

Einbahnstraßen - Konto

Packen Sie also so viel Geld wie möglich auf ein separates Konto, das Sie nicht anrühren. Einmalauszahlungen wie oben beschrieben genauso wie unerwartetes Geld wie z.B. Erbschaften und auch monatliche Beträge.

Und schauen Sie bitte nicht auf das Konto. Die Gefahr ist doch, wenn dort 20.000 Euro drauf sind, dass Sie davon Ihre Küche renovieren. Und schon wieder ist Geld weg und die ersten Schritte zum vermögend sein auch. Sammeln und sparen Sie darauf an und seien Sie sich des Geldes zwar bewusst, denn das stärkt Ihr Selbstvertrauen und beruhigt sie, doch betrachten Sie das Geld immer als gesperrt. Denn es ist Ihr Vermögenskonto.

Daher ist es auch absolut falsch, auf ein Konto zu sparen, wo Sie täglich ran kommen. Ich kenne selbständige Unternehmer, die für Ihre Altersvorsorge ausschließlich auf Tagesgeldkonten sparen. 3 große Probleme gibt es dabei:

1. Der Zins ist sehr gering, denn je länger Sie das Geld einer Gesellschaft zur Verfügung stellen, umso höher ist in der Regel der Zins. Zur Zeit bringt ein täglich verfügbares Konto rund 1 %, ein sicherer langfristiger Rentenvertrag aber hingegen z.Zt. ca. 4%. Mit Zins und Zinseszins macht dieser Unterschied Tausende von Euros aus bei einem gewissen Sparbetrag und einer bestimmten Laufzeit.

2. Sie kommen immer ans Geld ran und machen es irgendwann auch. Denn es ist verfügbar und in einer schwachen Minute, in der Sie sich denken, jetzt leben zu wollen, geben Sie es aus. Es gibt genügend Ereignisse, die Sie schwach werden lassen können. Z.B. wenn ein bekannter Mensch stirbt und Sie sagen: „Egal, ich gebe jetzt alles aus denn auch ich kann morgen sterben." Das stimmt. Doch die Wahrscheinlichkeit ist eindeutig höher, dass Sie 67 werden und ohne Geld dastehen. Wahrscheinlicher und schlimmer oder?

3. Auf dem Tagesgeldkonto beteiligt sich unser Staat nicht. In langfristigen Verträgen gibt es je nach Produkt viele Vorteile. Z.B. Steuervorteile. Steuervorteile in der Ansparphase, Steuervorteile in der Auszahlungsphase und so weiter. Schenken Sie diese nicht dem Staat.

Vermögend werden Sie nicht von heute auf morgen. Legen Sie Geld langfristig an, denn dort ist es vor Launen sicher und wird höher verzinst. Zudem gibt es Zuschüsse in Form von Steuervorteilen und Zulagen. Langfristig angelegt ist also nicht schlechter!!! Täglich verfügbar bedeutet auch:

Nicht langfristig bei Ihnen. Verzichten Sie also auf etwas Verfügbarkeit und sichern Sie sich dadurch bessere Zinsen und schützen Sie es vor Ihrem Zugriff. Einige langfristige Vertragsformen sind sogar Hartz IV- und Insolvenzgeschützt. Tagesgeldkonten sind dies nicht. So schlecht Sie also gerade in der Presse wegkommen, aus meiner Sicht führt auf dem Weg zum Vermögen nichts um kapitalbildende, langfristige Sparverträge herum.

Sparrate

Möchten Sie nun also auch Geld ansammeln? Um beruhigter zu sein und später besser zu leben? Könnte es jeder, würde jeder dies tun. Sie müssen nun aktiv werden. Und zwar jetzt! Und monatlich! Und dauerhaft!

Sparen Sie regelmäßig. Meine Empfehlung, je nach Alter mindestens 10% vom Einkommen. Je jünger Sie sind, umso mehr Zeit haben Sie, viel Geld anzusparen. Sind Sie also 20 Jahre alt und verdienen in Ihrer Ausbildung 800 Euro monatlich, sparen Sie 80 Euro auf ein langfristiges Konto oder in einen langfristigen Vertrag. Jeder Vertrag ist für mich auch ein Konto. Eine Rentenversicherung beispielsweise ist für mich genauso ein Konto wie ein Sparbuch, denn es wird für Sie dort Geld angesammelt.

Verdient der ehemals 20 Jährige nach der Ausbildung mit 22 Jahren dann 1500 Euro netto, sollte er 150 Euro sparen, seine 80 Euro um weitere 70 Euro aufstocken. Ab einem bestimmten Betrag, den jeder für sich selbst festmachen sollte (je nachdem, wie schnell Sie vermögend sein möchten), empfiehlt es sich, die komplette Lohnsteigerung weg zu sparen. Also bei 2000 Euro netto werden generell und in jedem Fall 200 Euro auf ein Konto gespart. Bei der Gehaltserhöhung auf 2200 Euro netto kommen dann die vollen 200 Euro hinzu. 400 Euro monatlich also für Ihren Wohlstand. Und das Beste ist: Es fehlt Ihnen nicht, denn Sie haben sich nie an dieses Geld gewöhnt und brauchen es nicht.

Diese Sparraten sollten natürlich auf ein Geldkonto gehen. Was bringt es Ihnen, wenn Sie z.B. diese 400 Euro monatlich für Ihre Immobilienfinanzierung aufwenden und Sie das Haus nach fünf Jahren verkaufen? Sie haben dann jedenfalls nicht die knapp 25.000 Euro, denn beim Kredit werden Sie anfangs nur die Zinsen der Bank bezahlen, in die Tilgung geht fast nichts, das Problem der Annuität.

Oder was ist, wenn diese 400 Euro lediglich Ihre Mietzahlungen sind, die Sie ohne eigenes Haus gehabt hätten? Das ist kein Sparbeitrag, das beruhigt lediglich Ihr Gewissen, etwas zu machen. Lassen Sie eigengenutzte Immobilien bei dieser Rechnung aus dem Spiel. Es ist gefährlich, denn es beruhigt und im Endeffekt sparen Sie nichts, bitte erinnern Sie sich an das Vorangeschriebene, Stichwort Reparaturen an Immobilien etc.

Dieses Geld geht also in Sparverträge und nicht in selbstgenutzte Immobilien (denn irgendwo wohnen müssen Sie so oder so – das hat nichts mit vermögend sparen zu tun), sichere Fondssparpläne, Rentenversicherungen, vermietete Immobilien etc. Wussten Sie beispielsweise, dass Rentenversicherungen noch ein tolles Steuerprivileg haben?

Wenn Sie heute zwölf Jahre sparen und erst mit 62 das Geld abrufen, gern auch als Einmalkapital(!), müssen Sie nur die Hälfte der Erträge versteuern.

Das gibt es sonst nirgends. Beim Banksparplan müssen Sie die kompletten Erträge versteuern ohne Wenn und Aber! Und die Rentenverträge mit z.Zt. ca. 4% Zinsen sind nicht so schlecht wie sie dargestellt werden. 4% und nur die Hälfte der Erträge versteuern. Das gibt's in der Form nicht noch einmal. Und ja: Ich setzte selbst sehr stark auf dieses Produkt. Zusammen mit vermieteten Immobilien, denn da sind die Renditen ebenfalls hoch.

Schauen Sie sich immer nach guten Geldanlagen um, auch wenn Sie noch kein hohes Geldvermögen besitzen. Das Interesse an Geldanlageformen wird Ihnen helfen, Interesse am Geld auszubauen und schafft Ihnen unterbewusst Motivation, mehr Geld auf diesen Konten anzulegen.

Erst vor einigen Wochen fiel mir beim Zusammensuchen meiner Steuerbelege auf, dass ich noch einen alten, kaum angesparten Bausparvertrag besitze. Der Guthabenzins beträgt 4%. Natürlich habe ich sofort einen höheren fünfstelligen Betrag von meinem zu 0,8% verzinsten Sparkonto zur Bausparkasse überwiesen. Ich hoffe, die können den Betrag verbuchen, angemeldet hatte ich meine Überweisung nicht. Die kommen jedoch nun nicht umhin, mir die 4% jährlich zu zahlen.

Denken Sie also in einer Hochzinsphase einmal wieder daran, sich mit einem soliden Bausparvertrag hohe Sparzinsen für die Zukunft in den Niedrigzinsphasen zu sichern. Mein o.g. Bausparvertrag bringt mir nun jedes Jahr rund 2000 Euro mehr Zinsen als ein Tagesgeldkonto. Jedes Jahr. Geld für einen schönen Urlaub. Leider bekommen Sie solche Verträge zur Zeit eher nicht. Warten Sie auf die nächste Hochzinsphase und schlagen Sie dann zu. Hätten Sie das gedacht? Sie sehen also, Bausparverträge sind nicht nur zum Bauen da. Gute, solide Geldanlagen und Zinssicherung für die Zukunft gehen mit dem Produkt einher. Bausparverträge sollten also antizyklisch abgeschlossen werden. Sichern Sie sich in Niedrigzinsphasen den niedrigen Darlehenszinssatz, um in Hochzinsphasen günstig Geld daraus leihen zu können (am besten ist natürlich, wenn Sie ohne Kredit auskommen).

Sichern Sie sich in Hochzinsphasen durch einen Bausparvertrag die künftigen hohen Sparzinsen wie in meinem o.g. Beispiel. 4% bei dieser soliden Bonität bei dem geringen Risiko sind derzeit am Markt nicht zu erreichen. Die Abschlussgebühr von rund 1% habe ich nach einigen Monaten wieder drin, wenn die Zinsdifferenz mehr als 3% jährlich beträgt.

Zur Information: Im Jahr 2013 können Sie sich so Darlehenszinsen in Höhe von rund 2% sichern. Wenn die Hypothekenzinsen einmal wieder auf 10% gehen sollten (wo Sie 1980 und 1990 auch waren) haben Sie sogar 8% Zinsvorteil.

Vermietete Immobilien

Warum setzte ich neben Rentenverträgen auf vermietete Immobilien? Weil es Substanz hat und die Rendite hoch ist. Der Nachteil: Viel Kapital ist an ein Objekt gebunden und etwas Aufwand. Mit meinen vermieteten Immobilien erziele ich weit über 10% Rendite im Jahr.

Ich habe z.B. eine Doppelhaushälfte in einer Stadt in Südniedersachsen für 30.000 Euro gekauft und vermiete diese für ca. 5000 Euro im Jahr. Wenn wir die Einkommenssteuer einmal außen vor lassen, da diese bei jedem sehr unterschiedlich ist, ist das Geld nach 6 Jahren wieder drin. Fast 20% Rendite also. Natürlich muss ich mich um die Belange der Mieter kümmern und auch mal eine Reparatur durchführen sowie Betriebskostenabrechnung einmal jährlich. Unterm Strich und selbst wenn ich mein Zeitaufkommen für dieses Objekt mit 30 Euro pro Stunde einrechne, komme ich auf einen Nettorendite von über 10%. Zudem ist das Haus noch da, wenn unsere Währung nicht mehr Euro heißt usw. Ich rechne übrigens nicht mit einer Geldvernichtung. Egal, ob unsere Währung Euro, Ecu oder Mark heißt, wir werden hoffentlich immer einen halbwegs fairen Umrechnungskurs bekommen, der unser Geldvermögen schützt, denn unsere Politiker wollen ja wiedergewählt werden.

Natürlich kaufe ich meine Immobilien zur Vermietung aus angespartem Kapital. Die Vorteile habe ich bereits beschrieben. Wenn Sie nun finanzieren, um Immobilien zur Vermietung zu kaufen, muss das je nach Finanzierung und Immobilientyp nicht unbedingt schlecht sein. Vielleicht haben Sie dann mit 60 oder 65 ein schönes Zusatzeinkommen. Ich kenne viele Leute, die das so machen. Fakt ist jedoch, dass, auch wenn Zinsen evtl. steuerlich „absetzbar" sind, die Zinsen immer noch ca. 50% des eigentlichen Zinssatzes für Sie netto bedeuteten, auch wenn Sie zum Spitzensteuersatz versteuern. Wenn Sie z.B. die 5% Zinsen absetzen können und Sie netto nur noch 2,5 % Zinsen zahlen, zahlen Sie in 20 Jahren doch viel mehr an die Bank zurück als Sie sich ausgeliehen haben. Lediglich eine Finanzierung aus eigenen, vorhandenen Mitteln lässt das Geld komplett in Ihrer Tasche und gibt nichts der Bank ab. Denn Sie tragen das komplette Risiko, z.B. der Nichtvermietung, daher sollten Sie doch auch die kompletten Erträge haben.

Auch bei vermieteten Immobilien können unvorhersehbare Ausgaben, wie z.B. ein defektes Dach oder ein feuchter Keller, kommen. Wovon bezahlen Sie das, wenn Sie bis Oberkante finanziert haben? Sie verursachen finanzielle Sorgen, die nicht sein müssen. Kaufen Sie also bitte aus vorhandenen Mitteln, sparen Sie vorwärts. Wenn dann mal ein Keller feucht ist, können sie für die Renovieren, wenn das Geld nicht da ist, immer noch zur Not einen kleinen, kurzfristigen Kredit aufnehmen. Dies wäre nicht möglich, wenn Sie schon bis Oberkante finanziert haben.

Vermietete Immobilien aus vorhandenem Kapital sind für mich eine der besten Anlageformen in solide Sachwerte.

Schulfach Finanzen

Ich hatte nun das Glück, in einem betriebswirtschaftlich geprägten Umfeld aufzuwachsen und mit 16 eine Bankausbildung machen zu dürfen. Zudem hatte ich das Interesse, generell viel Geld anzuhäufen. Doch was ist mit den Kindern, die von Ihren Eltern in anderen Bereichen ausgebildet werden und auch die Eltern diesem Thema nicht viel Bedeutung zuweisen. Sollte nicht jedem Menschen frei gestellt werden, in welche Richtung er geht und ob er später mal vermögend sein möchte und hart daran arbeiten möchte? Vielen Kindern wird diese Möglichkeit gar nicht eröffnet, weil sie nicht wissen, wie es geht. Weil ihnen nie jemand gesagt hat, dass es wichtig ist, seine Ausgaben unter Kontrolle zu haben und nicht auf den Konsumwahn reinzufallen und das dritte Handy auf Pump zu finanzieren. Viele Werbungen handeln höchst fahrlässig und treiben viele Menschen in den Ruin. Diese 0,0 % Finanzierungen und „Kaufen Sie sich doch, was Sie wollen" Werbungen kitzeln und lässt viele Menschen schwach werden. Dann wird Geld ausgegeben für Sachen, die wir gar nicht brauchen, nur weil es chic ist. Es muss unseren Kindern früh gesagt werden, dass kein Produkt gekauft werden muss, was wir gar nicht brauchen, nur weil die Finanzierung so günstig ist.

Wie beschrieben kann dies über das Elternhaus nicht flächendeckend funktionieren, schon gar nicht in unserer multikulturellen Gesellschaft.

Der einzige Weg einen flächendeckenden guten Umgang mit finanziellen Mitteln herzustellen, ist also dort, wo alle Kinder sind. Die Schulen. Und zwar möglichst früh. Mir schwebt ein Fach „Finanzen" vor, mit zwei Schulstunden pro Woche vom sechsten bis neunten Schuljahr mit folgenden Inhalten:

- Girokonten und Sparkonten
- Kredite und so
- Geldanlageformen
- Zins und Zinseszins sparen
- Gesamtbelastungen bei Finanzierungen
- Vermögensplanung

Ich bin sicher, dass bei solchen Fächern mit Lehrpersonal aus der Wirtschaft und dem Finanzsektor wertvolles Wissen transportiert werden kann. Erfolgreiche Menschen aus der Wirtschaft als Lehrer und bitte nicht der überschuldete Lehrer mit 15 Ratenkrediten und einer drei monatigen Zusatzqualifikation.

Die Ausbildungsberufe in der Wirtschaft, z.B. die Kaufleute, haben die o.g. Inhalte teilweise in ihrer Berufsausbildung. Was ist jedoch mit den anderen Berufen? Diese jungen Erwachsenen haben in der Regel nie die Möglichkeit, sich in den eigenen Finanzen professionell ausbilden zu lassen. So arbeiten und arbeiten diese fleißigen Menschen und kommen nie auf einen grünen Zweig, weil sie die Grundlagen der Finanzen nicht kennen. Das ist sehr schade und muss geändert werden.

Nun haben unsere Schulkinder aufgrund von Turbo-Abi und anderen Neuerungen eh kaum Zeit für zusätzliche Wochenstunden. Wir sollten uns jedoch fragen, ob nun noch das dritte Kafka Buch in Deutsch analysiert werden muss oder in Mathe die vierte unbekannte Sinuskurvendiskussion gestartet werden muss. Die Schüler bereiten sich später schließlich nicht auf eine Karriere als Casio Taschenrechner vor. Eigene Finanzen hat allerdings jeder später. Und wenn diese nicht geordnet sind, sind große Probleme und großer Stress vorprogrammiert. Seelische Sorgen und Selbstmorde kommen vermehrt durch Schulden, Insolvenzen und finanzielle Ausweglosigkeit als durch das Nichtkennen von Schillers „Resignation". Damit unser Nachwuchs nicht finanziell resignieren muss, sollten sie beispielsweise lieber die wahre Bedeutung der „Bürgschaft" lernen. Im wirtschaftlichen und nicht im literarischen und philosophischen und philologischen oder theologischen Sinn.

Unvorhersehbare Schicksalsgrätschen zum Wohlstand „outsourcen"

Als ich anfing, dieses Buch zu schreiben, hatte ich eigentlich nicht vor, über das „Outsourcen", also Auslagern, von Schicksalsschlägen zu referieren. Ich tue dies schließlich meinen ganzen Arbeitstag lang. Zudem verwende ich als Pressesprecher meiner Zunft eh viel Zeit darauf, die Bevölkerung zu informieren. In meinem Buch zum Thema „Wohlstandsrealismus" wollte ich damit sehr sparsam umgehen. Natürlich führt kein Weg zum Wohlstand um die immer noch sehr guten und teils mit steuerlichen Vorteilen gespickten Sparprodukte der Versicherungsbranche herum.

Doch was ist nun, wenn Sie alles befolgen, was in diesem Buch steht? Sie tun alles, um Wohlstand aufzubauen. Kurz gesagt, Sie verdienen ordentlich Geld, leben zufrieden und bescheiden und sparen sich ordentlich was auf die hohe Kante. Was ist, wenn nun irgendetwas Unvorhersehbares passiert, das dieses mühsam aufgebaute Konto zusammenbrechen lässt?

Was könnte das sein? Ein schwerer Unfall, eine schwere Krankheit, eine Unachtsamkeit mit finanziellen Folgen usw.

Auch wenn sparen wichtig ist, sparen Sie bitte nicht an den Basics der Absicherung. Je nach Lebenssituation ist dies unterschiedlich, ich möchte hier an dieser Stelle nur auf drei Bausteine eingehen. Andere Versicherungen sind sicher genauso wichtig, daher ist dies nur ein Auszug.

1.   Privathaftpflichtversicherung

Stellen Sie sich bitte vor, dass Sie gut gespart haben und zum Beispiel eine ordentliche Summe, sagen wir mal 250.000 Euro auf Ihrem Einbahnstraßen-Konto angesammelt haben. Sie sind also leicht vermögend, so würde ich es zumindest definieren.

Nun fahren Sie auf der Straße mit Ihrem Fahrrad und fahren aus Versehen über einen Hindernis. Dies Hindernis lässt Sie von der eigentlichen Fahrbahn abkommen und Sie steuern auf den Gehweg in zwei Fußgänger. Diese beiden Fußgänger stürzen schwer. Einer davon ist leicht verletzt, der andere so stark, dass er bis zu seinem Lebensende im Rollstuhl sitzen muss. Nach BGB haften Sie nun für diesen Schaden, unbegrenzt. Sie müssen diese zwei Personen also entschädigen. Vermutlich einen drei-oder vierstelligen Betrag an den leicht verletzten Fußgänger und einen sechs- oder siebenstelligen Betrag an den künftigen Rollstuhlfahrer. Nun zählen Sie bitte nochmal die Stellen des o.g. Vermögens nach. Richtig, die Zahl 250.000 hat sechs Stellen. Dieses Vermögen oder noch viel mehr ist also weg. Evtl. müssen Sie sogar bis an Ihr Lebensende zahlen.

Nicht ganz so dramatisch aber auch teuer wäre z.B., wenn Sie mit Ihrem Einkaufswagen gegen ein Regal mit Flachbildschirmen fahren und diese Ihnen entgegenkommen. Der Schaden kann nun beispielsweise bei 30.000 Euro liegen. Geld, das Sie selbst bezahlen müssen, denn Sie haften nach BGB in voller Höhe.

Mit wenigen Euros im Monat können Sie diese Risiken auslagern, und zwar auf eine Versichertengemeinschaft, nämlich einer Versicherung. Dort zahlen tausende Menschen einen kleinen Beitrag in einen Topf. Die meisten Menschen zahlen ein und verursachen keine Schäden. Gut für diese Leute. Einigen Wenigen jedoch passiert der Super-Gau aus Beispiel 1. Das Geld wird also für die Menschen entnommen, die weniger Glück hatten als die, denen nichts passiert ist. Eine Solidargemeinschaft! Viele helfen den wenigen, die Pech hatten. Eine faire und soziale Sache also, so eine Versicherung, und sicher keine schlechte Sache, oder? Viele Personen erreichen mit wenig viel.

Sichern Sie Ihren Plan vermögend zu werden ab: die Privathaftpflichtversicherung ist Pflicht!

Und das Schlimme: Ca. ein Drittel der Bevölkerung in Deutschland hat keine Privathaftpflichtversicherung. Bei einem Szenario wie im ersten Beispiel müsste ein nicht versicherter Mensch sein Leben lang zahlen und zahlen und zahlen. Und was ist, wenn Sie der Geschädigte sind und der Verursacher nicht zahlen kann? Evtl. sitzen Sie im Rollstuhl und bekommen nichts. Eine Horrorvorstellung. Schützen Sie also sich und Ihr Umfeld vor Missgeschicken, die uns alle treffen können. Mich, Sie, einen Minister oder den Chef einer Großbank.

Schützen Sie Ihren Vermögensaufbau vor Missgeschicken!

2.   Berufsunfähigkeitsabsicherung

Dies ist besonders für die 16-50 jährigen Menschen wichtig. Denn oft ist das Wertvollste, was diese Altersgruppe besitzt, nicht Ihr Auto oder Ihre Wohnungseinrichtung, sondern Ihre Arbeitskraft. Ein 20 jähriger, der in seinem Leben durchschnittlich 1600 Euro monatlich netto verdient (also ca. 2500 Euro brutto monatlich gleich 30.000 Euro jährlich) verdient bis zu seinem 67. Lebensjahr in diesen 47 Jahren rund 1,4 Millionen Euro (30.000 x 47) Wenn wir nur das Nettoeinkommen betrachten, was allerdings nicht korrekt wäre, sind dies rund 900.000 Euro (1600 x 12 x 47).

Welcher junge Mensch denkt daran? Jeder junge Mensch möchte seine Wohnungseinrichtung über 20.000 Euro absichern oder sein Auto mit einem Wert von 10.000 Euro Vollkasko versichern. Grundsätzlich eine gute Idee. Doch warum lässt er die rund 900.000 Euro unversichert? Das wertvollste was er hat? Eines ist klar: Kann ein junger Mensch, egal ob 20 oder 30 Jahre alt, unfall- oder krankheitsbedingt nicht mehr arbeiten, ist der Plan, Wohlstand aufzubauen, in ganz weite Ferne gerückt. Eine ausreichende Berufsunfähigkeitsabsicherung kann diesen Plan natürlich absichern.

Und auch ein 45 jähriger sollte sich noch Gedanken um diesen Schutz machen. Wenn der 45 jährige Manager nun z.B. 250.000 Euro aufgebaut hat und er plötzlich berufsunfähig wird, reichen seine gesetzlichen Ansprüche nicht aus. Lassen Sie sich doch mal über Ihre gesetzlichen Ansprüche bei Erwerbsminderung informieren. Sie werden geschockt sein, wie wenig der Staat für Sie vorsieht. In diesem Fall muss der 45 jährige sein hart erspartes Geld aufbrauchen, um die Lücke schließen zu können und ordentlich leben zu können. Je nach Lebensstil reicht das Geld noch nicht mal aus und selbst ein 45 jähriger kann zum Sozialfall werden.

Die Freude über die 250.000 Euro und den erreichten leichten Wohlstand währte also nur sehr kurz. Das Geld ist weg und der Wohlstand und alle damit verbundenen Anstrengungen ebenfalls.

Bitte schlucken Sie dieses Risiko nicht alleine. Lagern Sie es aus, auf die Versichertengemeinschaft. Ein Großteil bleibt vielleicht gesund und zahlt brav Beiträge, einige werden jedoch krank und bekommen die vereinbarte Leistung. Was ist, wenn Sie zu dieser Gruppe gehören? Schlimm genug, dass es Ihnen dann nicht gut geht, noch schlimmer wären an dieser Stelle die finanziellen Probleme, die auf Sie und Ihre Familie zu kommen. Und das Vermögen ist auch weg.

Laut Statistik liegt die Wahrscheinlichkeit, dass ein 20 jähriger bis zu seinem offiziellen Renteneintritt einmal berufsunfähig wird, bei über 40%. Hätten Sie das gedacht? Bitte lassen Sie sich von dem Berater Ihres Vertrauens beraten und schützen Sie Ihr Vorhaben, Wohlstand und Vermögen aufzubauen.

Wer keine Berufsunfähigkeitsabsicherung mehr bekommt, z.B. weil die Gesundheitsprüfung negativ ausgefallen ist, sollte mindestens die finanziellen Folgen eines schweren Unfalls absichern. Bitte lassen Sie sich beraten!

3.   Pflegeabsicherung

Dieses Thema ist für alle interessant und wurde bisher viel zu wenig beachtet. Nun hat mein hoch geschätzter Parteifreund Daniel Bahr einen Schritt gewagt. Unser derzeitiger Bundesgesundheitsminister hat eine staatlich geförderte Pflegeabsicherung eingeführt. Warum macht das der Staat? Warum verschenkt er Geld? Warum verschenkt er Geld bei der Riester-Rente? Er hat es schließlich nicht übrig. Er verschenkt im Bereich Altersvorsorge und Pflegeabsicherung nur aus einem Grund Geld: Geldgeschenke in den Bereichen, wo ohne Zusatzvorsorge von den Bürgern keine ausreichende Versorgung mehr besteht.

Wenn also in 30 Jahren 80% der Bevölkerung kein Geld haben, um sich die Pflege leisten zu können, wird auf den staatlichen Zuschuss hingewiesen. Jeder hätte sich ja absichern können, wer es nicht getan hat, hat dann halt Pech und bekommt keine staatlichen Zuschüsse mehr, denn die gab es ja beim Beitrag an die Versicherungen.

Einen Pflegeplatz in der Pflegestufe 3 kostet je nach örtlicher Gegebenheit z.Zt. ca. 3500 Euro. Dies ist dann noch kein Luxusheim. Wenn Sie dann betrachten, dass die gesetzliche Pflegeversicherung sich in der Regel nur bis rund 1500 Euro daran beteiligt, bleiben 2000 Euro bei Ihnen hängen. Unterstellen wir nun eine Rente von 1000 Euro, die nicht jeder bekommt, bleiben immer noch 1000 Euro übrig. Wer soll die bezahlcn? Der Staat? Ja vielleicht, aber erst wenn Sie und Ihre engen Verwandten nichts mehr haben.

Sie lesen richtig. Auch Ihre Kinder können für Ihre Pflegekosten herangezogen werden. Ihr Ehemann oder Ihre Ehefrau sowieso. Was ist also, wenn Sie mit Ihrem Partner jahrzehntelang für ein besseres Leben gespart haben und einer von Ihnen dann pflegebedürftig, z.B. in der Stufe 3, wird? Dem anderen geht es dann finanziell schlecht. Ihr Vermögen, Ihr Haus, Ihre Rente, alles wird aufgebraucht.

Und wenn Sie nun z.B. 40 oder 50 Jahre alt sind, was ist, wenn Ihre Eltern Pflegefall der Stufe 3 werden und das Geld nicht ausreicht? Ihr Vermögen wird evtl. angezapft.

Sichern Sie sie selbst und im besten Fall auch noch Ihre Eltern gegen dieses Risiko ab. Es wird staatlich bezuschusst. Unser Staat gibt nur Zuschüsse in Bereichen, wo es arg klemmt. Sonst würde unsere Regierung das Geld behalten, davon können Sie ausgehen. Schützen Sie sich, schützen Sie nicht nur Ihren Partner oder Ihre Partnerin. Sie schützen gleichzeitig Ihre Kinder, die dann in Ihrem Pflegefall nicht für Sie aufkommen müssen, weil Ihre Pflegezusatzabsicherung dies übernimmt.

Ein Thema, was in Deutschland viel zu wenig Beachtung gefunden hat. Ich freue mich, dass meine Parteifreunde Bahr und Rösler sich gemeinsam mit Frau Merkel zu diesem wichtigen Schritt durchringen konnten und die Zuschüsse zur Verfügung stellen.

Ganz wichtig als Ergänzung zu Punkt 2 und 3 ist noch die private Unfallabsicherung, denn der gesetzliche Schutz ist oft unzureichend oder gar nicht vorhanden. Wenn Sie aus irgendwelchen Gründen die Punkte 2 und 3 nicht absichern möchten oder können, sollten Sie in jedem Fall wenigstens diese günstige Form der Absicherung wählen. Und auch wenn Sie Punkt 2 und 3 abgesichert haben, sollten Sie diese Ergänzung hinzufügen. Diese Absicherung zahlt zum Beispiel Renten oder Einmalleistungen nach Invalidität durch Unfälle aus. Dies ist ganz besonders wichtig. Denn wenn Sie nach einem Unfall zum Beispiel im Rollstuhl sitzen, fallen hohe Kosten an. Diese Kosten betreffen die Bereiche Umbaumaßnahmen für Ihre Wohnung oder Ihr Haus und laufende Kosten für Hilfspersonal etc. Unfälle können uns alle treffen.

Mit diesen drei Punkten möchte ich es zum Thema „Auslagern von Schicksalsschlägen auf die starke und große Gemeinschaft" belassen. Dies ist auch nur ein kleiner Ausschnitt aus dem wichtigen Bereich der Vermögensabsicherung.

In meinen fast 13 Jahren in der Finanzbranche ist mir aufgefallen, dass viele Kunden sich zwar versichern, oft allerdings falsch. So schließen viele Menschen gerne eine Vollkaskoversicherung für Ihr Auto, eine Krankenhaustagegeldversicherung und/oder eine Glasversicherung ab. Nach Abschluss dieser Versicherungen denkt sich dann dieser Mensch, nun ja wirklich genug für Versicherungen auszugeben und fühlt sich abgesichert. Ganz oft höre ich in der Praxis den Satz: „Ich gebe ja schon so viel für Versicherungen aus". Doch was ist viel? Ich zum Beispiel investiere fast 2000 Euro monatlich in private Rentenzusatzversicherungen. Und es ist nicht zu viel.

Der Schein trügt also. Natürlich haben auch die drei o.g. Versicherungen ihre Daseinsberechtigung und sind wichtig. Ich frage mich jedoch, warum ein Auto im Wert von 4000 Euro, die geringe Krankenhauszuzahlung oder das Cerankochfeld für 400 Euro abgesichert werden müssen, wenn keine Absicherung der Arbeitskraft, des Pflegerisikos oder des Altersarmutsrisikos vorhanden ist. Manchmal habe ich den Eindruck, viele Versicherte schließen irgendwas ab, um sich dann sicher zu fühlen. Dies ist ein riesiges Problem. Eine Absicherung muss von unten nach oben erfolgen. Das bedeutet, dass erst die großen existenziellen Sorgen abgesichert werden müssen. Also die Risiken, die Sie wirklich in Schwierigkeiten bringen können. Was ist, wenn Sie morgen nicht mehr arbeiten können? Was ist, wenn Sie nach einem Unfall im Rollstuhl sitzen? Was ist, wenn Sie morgen Pflegestufe 3 sind und Sie eine Lücke von 2000 Euro monatlich zu stemmen haben? Was ist, wenn Sie mit 67 mit nur noch 500 Euro gesetzlicher Einheitsrente auskommen müssen?

Das sind die wahren Probleme und nicht die 400 Euro vom kaputten Cerankochfeld. Die großen Probleme gehören zuerst abgesichert. Auch wenn Sie es sich vielleicht eher vorstellen können, dass einmal eine Scheibe zerspringt: Die Scheibe wird nicht Ihren finanziellen Ruin bedeuten und auch nicht das heruntergefallene Handy (Handyversicherung) oder fünf Tage im Krankenhaus (Krankenhauszusatzversicherung). Versichern Sie erst einmal die großen Risiken, wenn dann noch Geld für Versicherungen vorhanden ist, können Sie gern eine Reisegepäckversicherung, eine Handyversicherung oder die Aquarieninsassenunfallversicherung, die allerdings nur für Salzwasserfische im Süßwasseraquarium gilt, abschließen ;)

Verzichten Sie also eher auf solche Luxusversicherungen und eine Vollkaskoversicherung für Ihr zehn Jahre altes Auto. Nehmen Sie die Ersparnis daraus, packen Sie noch etwas Geld drauf und sichern Sie sich gegen Berufsunfähigkeit, Altersarmut, schwere Unfälle, Pflegebedürftigkeit etc. ab!

Schützen Sie also sich, Ihr Umfeld, Ihr jetziges Vermögen und Ihren zukünftigen Wohlstand mit ein paar Euro an Beiträgen. Das Geld muss (es muss!) aufgewendet werden. Natürlich wäre es auf den ersten Blick rentabler, das Geld in Ihr Vermögen mit einzusparen. Doch weder Sie noch ich haben eine funktionierende Glaskugel und niemand weiß, was morgen geschieht. Eine Absicherung vor unvorhersehbaren Ereignissen ist Pflicht für einen soliden und nachhalten Aufbau von Wohlstand.

Lassen Sie sich beraten und überprüfen Sie, ob Ihr Status Quo im Bereich der Absicherungen mit Ihren Wohlstandsplänen übereinstimmt. Die Beratungen sind in der Regel gut und das Image der Branche zu Unrecht so schlecht. Die Versicherungsbranche wird bereits stark kontrolliert und unterliegt hohen Anforderungen. Sollten Sie Zweifel an einer Fachmeinung haben, holen Sie sich einfach eine Zweitmeinung ein oder befragen Sie Ihre Verbraucherzentrale.

Allgemeine Konsumpanik

Leider hat die Politik, die ja für die Stundenpläne größtenteils verantwortlich ist, kaum Interesse an bescheidenem Konsum und Aufbau von Wohlstand. Je weniger konsumiert wird, umso weniger Mehrwertsteuer nimmt der Staat ein. Die Banken verkaufen weniger Kredite und verdienen weniger, dadurch zahlen die Kreditinstitute weniger Steuern an den Staat. Auf Pay-TV-Abos, auf Klingelton-Abos usw. zahlen die Unternehmen Umsatzsteuer an das Finanzamt. Unserem Staat geht es also ganz gut, wenn Sie sich in dem Konsum-Verprass-Hamsterrad ordentlich abstrampeln und auf keinen grünen Zweig kommen. Geld, welches für Sie als Vermögen auf dem Konto als Reserve liegt, ist für den Staat eher uninteressant.

Was meinen Sie, warum gerade überall über Inflation gesprochen wird und wir doch schnell noch alle unsere Küche oder unser Wohnzimmer renovieren sollten? Ein klares Zeichen fürs Geldausgeben. Es wird künstlich Panik erzeugt, dass die Wirtschaft brummt und hohe Steuereinnahmen eingehen. Die Inflation kann natürlich tatsächlich kommen. Es ist natürlich schon verdächtig, dass immer nur zum Konsum aufgerufen wird. An einen Sparaufruf von der Politik kann ich mich nicht erinnern. Konsumieren, bauen und kaufen, weil das Geld eh bald nichts mehr wert sein soll, so ist die allgemeine Stimmung.

Wenn es alle tun, bin ich vorsichtig, denn ich weiß, dass die Masse selten Recht hat, schließlich wäre die Masse ja sonst reich. Und reich sind nur wenige. Bitte überlegen Sie sich also genau, ob Sie diesem Konsumaufruf folgen möchten und dafür Ihr Ziel, irgendwann sehr wohlhabend zu sein, dafür opfern möchten.

Schwimmen Sie gegen den Strom und machen Sie das, was nicht alle machen: Leben Sie sparsam und sparen Sie, sparen Sie für Ihren Wohlstand.

Diejenigen, die jetzt Ihr Geld verpulvern, wie es die Mehrheit der Bürger gerade tut, werden auch später wie die Mehrheit dastehen: Maximal im Mittelfeld. Eher im unteren Mittelfeld. Steuern Sie dagegen und bremsen Sie sich, wenn Sie die tolle TV-Werbung betrachten oder von so supergünstigen Angeboten hören. Ein supergünstiges Tablet-PC-Schnäppchen z.B. ist kein Schnäppchen, wenn Sie eigentlich gar keines brauchen würden. Sie kaufen also ein Tablet für 99 Euro, weil es günstig ist. Ist es wirklich günstig, wenn Sie es nicht unbedingt benötigen? Nein, in diesem Fall ist es genau 99 Euro zu teuer gewesen.

Lassen Sie sich nicht locken, bleiben Sie standhaft und sparen Sie für sich. Für Ihr Vermögen.

Geordnetes Umfeld

Wie schon in den vorherigen Kapiteln beschrieben, ist es ein harter Weg, einen Geldbestand aufzubauen. Sie müssen regelmäßig Geld zurücklegen, auf Konsumversprechen der Werbung verzichten und mehr arbeiten. Für diese Disziplin benötigen Sie neben der Motivation, irgendwann mal reich sein zu wollen, auch noch ein geordnetes Umfeld. Mehr noch: Ein großes geordnetes Umfeld. In der Basis geht dies bei einer guten familiären Ordnung los. Ein fester und bodenständiger Lebenspartner ist enorm wichtig dafür, dass Sie den Sparkurs dauerhaft einhalten können. Gehen Sie jede Woche Schampus trinken, wird's wohl eher nichts mit dem Vermögensaufbau, zumindest bei einem normalen Einkommen nicht. Singleleben verursacht in der Regel mehr Kosten als ein Leben mit Partner. Zu zweit können Sie sich die Wohnkosten teilen und wirtschaften viel effizienter. Ein gekochtes Mahl für zwei Personen kostet nicht doppelt so viel als wenn Sie für sich alleine kochen. Sie sparen Spritkosten, da sie gemeinsam fahren können und eventuell können Sie sich sogar ein Auto teilen. Neben den finanziellen Aspekten ist natürlich auch das „warme Nest" zu Hause wichtig für dauerhaftes gutes Einkommen. Dort können Sie sich nach der harten Arbeit ausruhen und wieder Kraft für den nächsten Arbeitstag sammeln.

Schöpfen Sie Kraft aus einer guten und vertrauensvollen Partnerschaft. Helfen Sie sich gegenseitig und geben Sie sich Sicherheit. Dies wird Ihnen helfen, dauerhaft in der harten Welt da draußen erfolgreich zu sein.

Bei einem Lebensstil als Single oder mit wechselnden Partnern wird ausruhen deutlich schwieriger und die Arbeitsleistung in Ihrem Job schlechter. Dazu kommen natürlich Freunde, die Sie motivieren, mehr zu machen. Dabei ist es wichtig, dass Sie sich mit gleichgesinnten Optimisten umgeben. Geteilter Optimismus ist optimierter Optimismus. Umgeben Sie sich nur mit Pessimisten, wird es Ihnen vermutlich auch bald sehr schwer fallen, mit Elan und guter Stimmung Ihre Arbeit erfolgreich zu verrichten. Die besten Arbeitsergebnisse erzielen Sie, wenn Sie Spaß daran haben und optimistisch die Sache angehen. Wenn es Spaß macht, gehen Ihnen die Aufgaben schneller und leichter von der Hand. Suchen Sie sich also ein optimistisches, bodenständiges und festes Umfeld. Verdrängen Sie auch hier die Reize des wechselnden Glücks. Langfristigkeit schafft Zufriedenheit und Erfolg.

Gegenseitige Profitcenter

W omit schaffen Sie es langfristig, erfolgreich und motiviert zu sein? Durch menschliche Kontakte. Im Team ergeben sich Synergieeffekte und wir sind in der Lage, mehr zu leisten, als wenn wir alleine arbeiten würden. Motivieren Sie sich gegenseitig. Führen Sie Gespräche mit Menschen aus allen Altersgruppen und lernen Sie aus den verschiedenen Ansichten. Fügen Sie Ihr Puzzle aus vielen Meinungen und Ansichten zusammen. Schauen Sie, was bei anderen schlecht gelaufen ist und versuchen Sie dies zu vermeiden. Fragen Sie nach Erfolgen bei Ihrem Gegenüber und überlegen Sie sich, warum der Erfolg zu Stande kam. Machen Sie sich dies dann zu Eigen. Geben Sie allerdings auch. Erzählen Sie auch Erfolgsgeschichten oder Missgeschicke von sich selbst, damit auch Ihr Gegenüber profitieren kann.

Nur so entsteht eine spannende und lohnende win-win Situation zwischen Ihnen. Essen Sie nicht alleine zu Mittag, nutzen Sie diese Zeit und lernen Sie neue Menschen kennen. Aus eigener Erfahrung kann ich Ihnen sagen, dass dies manchmal zu Irritation führt. Gerade, wenn Sie auch mal einen Austausch mit Personen des anderen Geschlechts suchen. Es wird einem dann oft eine gewisse Absicht unterstellt. Spielen Sie da mit offenen Karten. Sagen Sie dem Gegenüber, was Sie bezwecken wollen, nämlich einen beidseitigen Austausch ohne Hintergedanken. Wenn dann der andersgeschlechtliche Gesprächspartner ablehnt, ist es natürlich schade für sie oder ihn. Denn dieser Mensch wird weniger von anderen Personen profitieren als Sie es tun. Sie finden sicher den nächsten interessanten Gesprächspartner. Wenn es dann passt, gehen Sie offen eine Freundschaft ein und lernen Sie sich weiter kennen. Wenn es zwischen Ihnen nicht optimal läuft im Gespräch haben Sie doch nichts verloren, Sie hätten sonst eh allein gegessen.

Sie werden feststellen, dass Ihnen diese Gespräche viel Motivation bringen und Ihnen helfen, die Welt auch mal aus einer anderen Sicht als aus der Ihren zu betrachten. Soziale Netzwerke profitieren davon, dass jeder möglichst viel über den anderen wissen möchte. Der zwischenmenschliche Kontakt ist das Juwel dieser Erde. The Point of Interest Nr. 1. Saugen Sie so viel zwischenmenschliche Energie auf, wie Sie können. Ihr Gegenüber tut dies auch, eine klare win-win Situation.

Bei der Auswahl dieser Gesprächspartner seien Sie bitte erst einmal nicht wählerisch. Seien Sie jedoch wählerisch, mit wem Sie sich weiter treffen. Wenn Sie z.B. ein erfolgreicher Manager im Finanzbereich sind, wird es Ihnen vermutlich kaum neue Ansichten verschaffen, wenn Sie sich z.B. mit einem befreundeten Finanzmanager von nebenan dauernd treffen. Der Manager wird von der Hausfrau mit Kindern oder dem Auszubildenden oder einem Schulpraktikanten jedoch eine Menge neue Auffassungen kennen lernen.

Ansichten, die er verstehen muss, um weiterhin erfolgreich zu sein. Wie will ein 60 jähriger Manager sonst seine jungen Kunden verstehen. Oder die Probleme der kindererziehenden Mütter. Lassen Sie sich also als Manager oder Verkäufer weniger Statistiken über diese verschiedenen „Zielgruppen" liefern. Gehen Sie stattdessen direkt in die Stadt und treffen Sie neue interessante Leute. Bitte seien Sie nicht schüchtern, jeder Mensch freut sich, wenn sich ein anderer für ihn interessiert. Sollten Sie verheiratet sein oder in einer festen Beziehung leben, ist es sicherlich sinnvoll dieses Vorgehensweise vorab Ihrem Partner zu erklären. So manche tolle Freundschaft ist so entstanden.

Seien Sie fortan keine kleine Einzelinsel mehr, sondern bauen Sie Brücken zu anderen Inseln. Tauschen Sie sich mit anderen Inseln aus und treiben Sie fairen Handel. Dieser faire Handel in Form von Motivations- und Gedankenaustausch wird beide Inseln beflügeln und voran bringen.

Sollten Sie einmal auf Ablehnung stoßen, nehmen Sie es bitte nicht persönlich. Diese Person ist dann noch nicht so weit wie Sie oder hat einen schlechten Tag gehabt. Seien Sie freundlich und sprechen Sie mit Ihren Mitmenschen, ob in der Bahn, im Bus, im Flugzeug oder im Café.

Sie sind durch Ihre Ansprache in jedem Fall interessanter als das Handy, welches Ihr künftiger Gesprächspartner in der Hand hält. Und wenn der Gegenüber nicht möchte, werden Sie es an seiner Ablehnung oder an seinen kurzen Antworten merken und gehen dann auf Distanz.

Das Leben ist zu kurz, um vor sich allein da hinzudümpeln. Wenn Sie aus einer freundlichen Ansprache einen neuen Freund kennenlernen, haben beide gewonnen. Was ist also schlimm daran, wenn bei zehn

Ansprachen fünf Absagen durch kurze Antworten oder Abwimmeln geschehen? Mit fünf anderen führen Sie dann nette Gespräche und lernen dazu und geben zudem auch Informationen und Neues an Ihre Mitmenschen weiter. Wenn Sie niemanden ansprechen, führen Sie vermutlich niemals positive Gespräche.

In diesem Punkt sind uns übrigens die US-Amerikaner voraus. In Amerika ist es üblich, sich erst mal nach dem Befinden des Gegenübers zu erkundigen (how are you?), bevor Geschäfte gemacht werden. Mit Smalltalk und Freundlichkeit am Empfang erhielten wir oft die besseren Hotelzimmer. Gefühlt zumindest. Und die Amerikaner ziehen eine Menge Energie aus der gegenseitigen Freundlichkeit. Egal, ob Sie sich in der Metro befinden, im Restaurant oder auf der Straße. Arbeiter und Manager sind gleichermaßen freundlich zueinander, sprechen miteinander und bauen keine Barrieren zwischen einander auf.

Warum sollte man sich auch nicht unterhalten, wenn man z.B. beim Arzt wartet? Ein anderer Mensch ist sicherlich interessanter als das ausgelegte Magazin von vor zwei Monaten oder? Mit etwas Smalltalk-Übung gelingt es Ihnen, leicht etwas über den anderen zu erfahren. Oft erfahren Sie auch interessante Sachen, die Ihnen von Vorteil sein können, z.B. Rabattangebote oder eine interessante Geldanlageform. Und auch Sie werden Erfüllung darin finden, anderen Tipps zu geben und anderen zu Vorteilen zu verhelfen. Es motiviert Sie und hält Sie wach und aufmerksam. Ein belebendes Gefühl. Probieren Sie es aus! Interessante Gegenüber bemerken dies und merken auch, dass Sie keine anderen „Hintergedanken" haben. Talk zum Energie tanken in den Seelen-Tank.

Sie werden viele interessante Sachen erfahren, die Sie weiter bringen und die auch Sie wieder weitergeben können und somit noch interessanter für Ihre Umwelt werden. Ihr Partner zu Hause wird sicherlich lieber am Abend eine Geschichte hören die Sie mit einem anderen Menschen erlebt haben, als eine Zusammenfassung eines Artikels aus einem Magazin beim Arzt.

Können Sie sich damit identifizieren? Probieren Sie es aus, werden Sie aktiv, sprechen Sie Ihre Mitmenschen an und tauschen Sie gegenseitig Energie aus. Es ist für Ihr Gegenüber das größte Kompliment, wenn Sie ihn ansprechen und Interesse an Ihm zeigen. Wie würden Sie sich fühlen?

Netzwerken – Kontakte aufbauen

Einige dieser Kontakte werden Ihnen auch noch anderweitig weiterhelfen. Oder Sie helfen den anderen weiter. Es spielt keine Rolle, wer wem hilft, beide profitieren. Weiter ist es egal, ob Sie Bauarbeiter, Pfleger, Kaufmann oder Manager sind. Jeder braucht Kontakte und wer keine hat, hat weniger Vorteile als jemand, der viele Kontakte hat. Einen günstigen Handwerker z.B. erfahren viele von Freunden, also von Kontakten.

Meinen jetzigen Beruf als Agenturleiter habe ich so bekommen. Als ich Vorsitzender eines Tanzclubs war traf ich auf einer Messe einen Berufskollegen, der für ein anderes Unternehmen in der gleichen Branche tätig war. Wir tauschten uns aus und ich stellte schnell fest, dass das Konzept meines Gegenübers auch besser zu mir passen würde. Ich erfuhr also eine Menge und war für die Gespräche mit den Einstellungsverantwortlichen des neuen Unternehmens gut gerüstet. Nach einigen Gesprächen nahm ich dann den Job an und wechselte die Aufgaben. Ein Schritt den ich nicht bereut habe. Die Einnahmen sind deutlich gestiegen, denn an meiner jetzigen Arbeit habe ich große Freude. Natürlich habe ich auch da mit Menschen zu tun, etwas anderes wäre für mich nicht denkbar.

Ohne meinen ehrenamtlichen Posten als Vereinsvorsitzender hätte ich also nie meinen jetzigen Kollegen kennengelernt, der mich über die Vorzüge unseres Unternehmens in Kenntnis setzte. Ohne diesen ehrenamtlichen Posten würde ich also heute deutlich weniger verdienen. Ich bin mir sicher, dass auch mein neuer Kollege stolz ist, solche Überzeugungsarbeit geleistet und mich ins Unternehmen gebracht zu haben. Sein Selbstbewusstsein wurde sicher gestärkt und er profitierte somit ebenfalls. Eine typische win-win Situation an einer Stelle, an der Sie es nie erwartet hätten oder? Viele Freunde von mir rieten mir immer von dieser ehrenamtlichen Position ab. „Warum machst Du das? Es bringt doch nichts. Nutz doch die Zeit und verdien in der Zeit Geld!", hieß es. Natürlich habe ich direkt mit der vielen ehrenamtlichen Arbeit nichts verdient. Unterm Strich jedoch war es eines meiner besten getätigten „Geschäfte", denn ohne diese kostenlose Arbeit wäre ich nie in den für mich optimalen Job gewechselt.

Das System funktioniert allerdings nur, wenn Sie auch an Ihre Freunde denken. Leisten Sie oft und gerne ohne Gegenleistung. Sie werden etwas zurückbekommen. Laden Sie auch mal Leute zum Essen ein, wenn Sie wissen, dass diese über keine Reichtümer verfügen. Sie erhalten in jedem Fall nette Gesellschaft und neue Impressionen.

Vielleicht verfügt er in zehn Jahren mal darüber und revanchiert sich mit dem Faktor 100, indem er Ihnen z.B. einen Auftrag verschafft. Die Quote, dass er sich revanchieren wird, ist vielleicht gering, wenn sie allerdings keine Samen aussäen, wird auch nie eine Blume entstehen. Ein Beispiel aus der Welt der Flora und Fauna: Wenn Sie 100 Samen aussäen, holen vielleicht 80 Samen die Vögel. Doch was ist schlimm daran? Sie haben einigen Vögeln dann mit dem Blumensamen zum Überleben geholfen und das ist doch ein schönes Gefühl oder? Und 20 Samen gehen auf und Sie ernten schöne Blumen. Wie vielen Vögeln hätten Sie geholfen, wenn Sie keine Samen für wenig Geld gesät hätten und wie viele Blumen hätten Sie dann?

Wer nicht sät, wird nichts ernten. Säen Sie also Freundlichkeit, Menschlichkeit und gehen Sie auch mal finanziell in Vorleistung. So werden Sie auch ernten. Der positive Nebeneffekt ist, dass sich Ihre Großzügigkeit als Hemmer von Neid auswirkt. Ihre gute finanzielle Position wird Ihnen mehr gegönnt, wenn Sie auch mal etwas abgeben.

Das gleiche gilt natürlich, wenn für Sie es finanziell machbar ist, für Spenden. Spenden Sie, reduzieren Sie ggf. dadurch sogar Ihre Einkommenssteuer und helfen Sie. Der ein oder andere Vereinsfunktionär oder das ein oder andere Mitglied wird sich an Ihre Großzügig-keit erinnern.

Wichtig ist dabei natürlich, dass Sie nichts fordern. Sie erhalten genug zurück, bitte fragen Sie nicht was oder wann. Das wird dann leider nicht funktionieren.

Dabei sein

Wie Sie sicherlich merken, macht es mir einfach Spaß, mit anderen Menschen Kontakt zu haben. Das wirkt sich so aus, dass ich auf vielen Veranstaltungen bin, offen bin für alles andere und viel Gesellschaft suche. Versuchen Sie niemanden zu belehren. Erzählen Sie ihm einfach etwas aus Ihrem Leben, vielleicht nimmt er es auf. Belehrungen führen in der Regel mehr zu Ablehnung und zu Gründen, warum Sie es nicht tun sollten.

Lassen Sie Ihr Gegenüber entscheiden, was für Ihn wichtig ist. Akzeptieren Sie jede politische Gesinnung, jede Religion und stufen Sie niemanden herab. Das ist nun eine Selbstverständlichkeit? Nach außen hin schon, und wie sieht es innerlich aus? Wenn Sie z.B. streng katholisch sind und Sie auf einen Konfessionslosen treffen? Was liegt nahe zu denken? „Der liegt falsch! Ich bin aber mal liberal und sage das nicht, dass ich das denke" Und schon stellen Sie Ihr Gegenüber auf eine niedrigere Stufe. Nun haben Sie kaum noch Chancen von Ihm zu lernen, denn Sie betrachten ihn als „Falschparker". Wie wäre es, wenn Sie einmal hinterfragen, warum er z.B. keiner Konfession angehört? Nehmen Sie seine Aussagen mit und lernen Sie, ihn zu verstehen. Gottes Zoo ist groß und viele Wege führen nach Rom. Nicht nur der Ihrige.

Nutzen Sie geselliges Vereinsleben (ich schätze ich bin zur Zeit in rund 15 bis 20 Vereinen angemeldet) und sprechen Sie mal mit Golfspielern, mal mit Fußballern, mal mit Kulturfreunden und mal mit Feuerwehrmännern. Bildung durch Vielfalt. Sie werden verstehen, wo der Gesellschaft der Schuh drückt und bleiben bodenständig. So merken Sie, wenn Sie mal falsch liegen und können Ihren Kurs korrigieren.

Nutzen Sie soziale Netzwerke im Internet. Selbstverständlich müssen Sie selbst entscheiden, wie viel Sie von sich Preis geben. Der Vorteil dieser Netzwerke ist doch, dass Sie mit viel mehr Freunden und Bekannten im lockeren Kontakt bleiben können als ohne diese Netzwerke. Ich freue mich immer wieder, wenn ich von ehemaligen Schulfreunden erfahre, was sie nun machen. Ohne diese Netzwerke würde kein Kontakt mehr bestehen und wir würden uns aus den Augen verlieren. Durch diesen lockeren Kontakt halten Sie sich die Tür für spätere intensivere Freundschaften offen. Vielleicht profitieren Sie auch von Ihren im Internet „warmgehaltenen" Kontakten.

Seien Sie dabei und pflegen Sie Ihre Kontakte, persönlich, per Telefon, per Mail, per soziale Netzwerke. So bleiben Sie selbst im Gespräch und sind präsent.

Unternehmen Sie Spaziergänge, fahren Sie weniger mit dem Auto und erledigen Sie auch mal Sachen zu Fuß. Sie werden erstaunt sein, wem Sie dabei über den Weg laufen und welche Kontakte daraus entstehen. Selbst wenn Sie während eines Spaziergangs zum Briefkasten mit niemanden reden, werden Sie allerdings gesehen und Sie sehen auch andere und erfahren wichtige Informationen.

Warum gehe ich auf diese zwischenmenschlichen Beziehungen in einem Buch über Finanzen so genau ein? Weil es zum finanziellen Erfolg dazu gehört wie die Reifen zum Auto. Nur mit ausgeprägten sozialen Kontakten erfahren Sie rentable Angebote. Ein rentables Jobangebot z.B., welches noch nicht ausgeschrieben ist und auch nicht ausgeschrieben wird. Ein interessanter Nebenjob, mit dem Sie Ihre Einnahmen deutlich erhöhen. Ein interessantes Kaufangebot über ein Produkt, was Sie sowieso benötigen, nun aber günstiger oder mit besserem Service bekommen. Suchen Sie also fortan nie wieder alleine, sondern halten Sie Ihre Ohren und Augen für die Belange Ihrer Mitmenschen auf und nutzen Sie deren Ohren und Augen für Ihre Belange, indem Sie gezielt mit ihnen sprechen und Ihre Wünsche mitteilen. Sie werden sehen, dass Sie gemeinsam viel schneller und mit mehr Freude ans Ziel kommen, als wenn Sie alleine für sich arbeiten.

Rentable Zeit schaffen

Für alles eben Genannte ist es erforderlich, dass Sie Zeit investieren. Zeit für Kontakte, Zeit für bezahlte Jobs, Zeit für Mehrarbeit etc. Leider hat der Tag für uns alle nur 24 Stunden. Schaffen Sie sich also Zeit für die wirklich rentablen Dinge. Rentable Dinge wie z.B. die Informationssuche in Gesprächen oder den Nebenjob.

Verzichten Sie fortan auf stundenlange Recherchen, um einige Euros zu sparen. Nutzen Sie Serviceangebote, wenn Sie in der gleichen Zeit mehr verdienen können. Was bringt es Ihnen beispielsweise, wenn Sie stundenlang im Internet den günstigsten Preis recherchieren und Sie im Reklamationsfall auch noch stundenlang in der Warteschleife hängen? Wenn Sie also Ihr Produkt 20 Euro günstiger bekommen haben, nun aber inklusive Preissuche, Bestellung und späteren Reklamationen per Telefon und Internet fünf Stunden Zeit zugebracht haben. Was wäre, wenn Sie gerade in diesen fünf Stunden jemanden kennengelernt hätten, der Ihnen von einem rentablen Jobangebot erzählt hätte? Sie werden es nicht erfahren, denn Sie haben nur die 20 Euro mehr auf dem Konto und nicht den besseren Job mit vielleicht 200 Euro mehr. Im Monat!

Wiegen Sie also die Entscheidung ab und kaufen Sie schnell und bequem und mit Service vor Ort. Kaufen Sie allerdings nur das, was Sie wirklich brauchen, verzichten Sie auf unnötigen Konsum. Ein kurzer Exkurs in mein Fachgebiet: Sind Versicherungen unnötiger Konsum? Und sollten Sie sich das Geld sparen? Es ist eine Frage Ihrer Risikobereitschaft. Sind Sie z.B. bereit, für ca. 80 Euro im Jahr das Risiko einzugehen einen evtl. Großschaden im Bereich der gesetzlichen Haftpflicht an fremden Menschen selbst zu tragen? Evtl. zahlen Sie dann Ihr Leben lang an einem Fehler ab, weil Sie 80 Euro jährlich sparen wollten. Möchten Sie für z.B. 100 Euro jährlich den Wert Ihres kompletten Mobiliars aufs Spiel setzten?

Das sind keine verkäuferischen Fragen. Evtl. verfügen Sie über genügend Geld, dass Sie sich es leisten können, einmal das kaputt gefahrene Auto im Wert von 15.000 Euro selbst zu ersetzen. Und vielleicht wollen Sie das dann auch. Versicherungen sind nichts anders als die Verteilung des Risikos eines Einzelnen auf die Gemeinschaft. Ein Solidaritätsprinzip also. Was für den Einzelnen untragbar ist, ist die Gemeinschaft in der Lage zu stemmen. Ein Milliardär z.B. würde es sogar gut verkraften, wenn er einen Haftpflichtschaden über 500.000 Euro verursacht. Es ist also die Frage, ob Sie das Risiko allein auf sich nehmen oder einen Beitrag zahlen und dann Ihr Risiko auf die große Gruppe übertragen.

Mir und meinen Kunden geht es zudem um Sicherheit. Die Sicherheit, gut schlafen zu können. Auch wenn kein Schaden passiert (was ich jedem nur wünsche, denn ein Schaden bringt immer Aufwand mit sich), kann der Versicherte doch entspannter und ruhiger leben.

Es ist bei Versicherungen also nichts anderes als das Leben in der Gesellschaft. Wie ich Ihnen vorhin dargestellt habe, haben der Austausch und das Miteinander mit anderen Menschen viele Vorteile. Und genauso ist es bei Versicherungen auch. Warum wollen Sie also eine kleine eigene Inseln sein, der bei Hochwasser nicht geholfen wird. Helfen Sie anderen Inseln bei Hochwasser, kommen die anderen Inseln auch Ihnen zu Hilfe, wenn das Wasser hoch steht.

Und genauso ist es bei Versicherungen. Sie zahlen einen Beitrag und dafür sichern Sie sich die Hilfe der Gemeinschaft. Sie leben sozial. Versicherungen sind also eine sehr soziale Einrichtung, denn Sie helfen sich und Ihren Mitmenschen gegenseitig. Sie helfen anderen mit Ihrem Beitrag und die anderen helfen Ihnen mit deren Beiträgen. Meiner Ansicht nach eine der sozialsten Erfindungen der letzten Jahrhunderte. Überlegen Sie also bitte gut, ob Sie bei Versicherungen anfangen möchten zu sparen. Sie stehen ohne Versicherung allein da und im Notfall bekommen Sie wenig oder gar keine Hilfe.

Auch billige Versicherungen sind kritisch zu betrachten. Eventuell müssen Sie im Schadenfall viel selbst machen, haben keinen persönlichen Ratgeber vor Ort, dem Sie in die Augen schauen können und ggf. bekommen Sie im Schadenfall nichts, weil beim günstigen Preis weniger versichert war, als bei dem etwas teureren. Sie zahlen also z.B. 80% von dem Preis der guten Absicherung und erhalten nichts im Schadenfall und haben großen Ärger. Ich für meinen Teil, habe auch bereits vor meiner Tätigkeit in diesem Bereich stets auf eine gute Absicherung geachtet.

Nur so können Sie unvorhersehbare und teure Ereignisse, die Ihren Plan, vermögend und reich zu werden, kippen könnten, abfangen. Schützen Sie also sich, Ihr bisheriges Vermögen und Ihr zukünftiges Vermögen durch eine ordentliche Absicherung. Das Geld sparen Sie im Bereich Konsum wesentlich sinnvoller ein.

Zurück zum Kapitelthema. Schaffen Sie sich also freie Zeit, in der Sie über rentable Sachen, außerhalb des Tagesgeschäfts, nachdenken können. Schaffen Sie sich freie Zeit, in der Sie genau überlegen können, was Sie eigentlich wirklich benötigen. Lassen Sie sich nicht von der marketingtechnisch tollen aufbereiteten Konsumwelle überrollen. Überlegen Sie wofür Sie Ihr Geld ausgeben und halten Sie den Rest zusammen und sparen Sie sich reich.

Mit Bescheidenheit zum Vermögen und zum glücklich sein

An dieser Stelle möchte ich nochmal auf ein Kernthema dieses Buches zurückkehren. Konsumeinschränkung, Konsumverzicht und wirtschaftliches Haushalten. Wenn Sie genügend verdienen, um so viel sparen zu können, um bald reich zu sein, dass Sie auf nichts verzichten müssen, gratuliere ich Ihnen herzlich. Wer z.B. 10.000 Euro netto monatlich verfügt, kann sicher Neuwagen kaufen und shoppen, shoppen, shoppen gehen und kann immer noch vermögend werden. Die Ausgaben sollten immer mit Ihrem Einkommen zusammenpassen. Und sparen muss in jedem Fall sein, denn Sie wollen doch bald viel Geld besitzen oder? Ihr Einkommen und Ihr Sparanteil sind also Gesetz. Sparen Sie bitte immer von vorn herein einen festen Betrag und nicht das was übrig bleibt. Es wird nichts übrig bleiben, wenn Sie so herangehen. Buchen Sie direkt nach Gehaltseingang einen ordentlichen monatlichen Betrag auf Ihr geschlossenes Konto, dann können Sie es nicht mehr ausgeben. Dies ist ein ganz wichtiger Punkt. Direkt nach Gehaltseingang das Geld zur Seite legen, um Ihren Traum, vermögend zu werden, realisieren zu können. Nun müssen Sie also nur bei den Ausgaben haushalten. In diesem Kapitel finden Sie einige Ausgabenfallen, die Sie vermeiden können.

Ein Lieblingsthema in unserem Land sind die Autos. In einer betriebswirtschaftlichen Vorlesung riet ein Professor, der in einem der größten Unternehmen

Niedersachsens im Vorstand war, von Neuwagen deutlich ab. Und das trotz seines sicher weit sechsstelligen Einkommens. Nirgends wird so viel Geld verbrannt wie bei Neuwagenkäufen. Kaufen Sie heute einen neunen Mittelklassewagen aus Frankreich für 30.000 Euro ist dieser in 3 Jahren nicht mehr als die Hälfte wert. Sie verlieren also 15.000 Euro in 3 Jahren. 5000 Euro pro Jahr, über 400 Euro jeden Monat. Kaufen Sie hingegen das gleiche Auto wenn es 3 Jahre alt ist für 15.000 Euro, ist es nach weiteren 3 Jahren immer noch ca. 7500 Euro wert.

Sie verlieren also lediglich 7500 Euro in 3 Jahren, 2500 Euro pro Jahr also rund 200 Euro je Monat. Für das gleiche Auto. Und Sie haben weitere Vorteile. Nach Ablauf der Garantie können Sie in eine günstige Werkstatt Ihrer Wahl fahren und können sogar, je nach Ihrer Risikoneigung, auf die Vollkaskoversicherung verzichten. Eine weitere Ersparnis von pauschal geschätzt ca. 100 Euro pro Monat. Von diesen 100 Euro ziehen Sie bitte allerdings wieder 50 Euro monatlich ab für einige Reparaturen, die altersbedingt anfallen. In der günstigen Werkstatt Ihrer Wahl natürlich. Unterm Strich sparen Sie also 250 Euro monatlich und fahren das gleiche Auto. Nur drei Jahre älter und eingefahren.

Diese 250 Euro monatlich angelegt zu 3,5 % Zinsen, z.B. in einen Rentenversicherungsvertrag, bei dem Sie auch das Kapital auf einmal bekommen können, ergeben nach 30 Jahren über 150.000 Euro!

150.000 Euro nur weil Sie keinen Neuwagen fahren sondern das gleiche Auto 3 Jahre alt. Das Ziel, vermögend zu sein, ist somit schon erreicht, je nachdem wie Ihre Definition für Vermögen ist. Ich verzichte für 150.000 Euro gern auf neidische Blicke meiner Nachbarn und den Neuwagengeruch.

In meiner eigenen Finanzplanung besitze ich nie mehr als ein Halbjahreseinkommen in Autos. Sollten Sie diesen Tipp von mir befolgen und verdienen Sie z.B. 2000 Euro netto so liegt die Grenze für Ihr Gefährt bei 12.000 Euro. Auch für 5000 Euro gibt es am Markt ordentliche Autos, wenn auch nicht neu, aber dafür mit niedrigem Wertverlust.

Eine interessante Sichtweise ist sicherlich die der Oldtimerfreunde. Ich erfuhr sogar von einem Millionär, also jemanden, der alles richtig gemacht hat, von dieser Methode. Oldtimer gehören zu den Autos, die im Wert steigen können. So fuhr er Oldtimer aus dem Grund, dass er damit keinen Wertverlust habe. Natürlich fallen Reparaturen an, doch auf der anderen Seite spart er bei Versicherung und Steuer. Zudem ist natürlich bei guter Pflege die Wertminderung geringer oder sogar ganz ausgeschlossen. Bei dem richtigen Modell können schöne Wertsteigerungen erzielt werden. Ein Auto also, das für Sie Geld verdient. Hört sich interessant an, oder? Zumindest deutlich interessanter als ein Neuwagen, der in den ersten drei Jahren die Hälfte seines Wertes verliert und Sie zu den Überführungskosten noch für Werkstattaufenthalte in den teuren Vertragswerkstätten durchführen lassen müssen.

Ein weiterer großer Kostenfaktor sind Kleidung und Spontankäufe. Gehen Sie nie unbedarft shoppen. Nutzen Sie Ihre Zeit sinnvoller. Wenn Sie ein neues Kleidungsstück kaufen möchten, überlegen Sie sich vorher schon, was Sie ausgeben möchten und was es sein soll. Wenn dies z.B. eine neue Jacke ist, gehen Sie los und kaufen diese neue Jacke und nehmen nicht noch die achte Jeans und das zehnte Paar Schuhe mit, nur weil diese im Laden so schön aussehen. Brauchen Sie die Jeans und die Schuhe wirklich? Sie sind doch nur wegen der Jacke losgegangen und dabei sollte es dann auch bleiben. Ersparnis durch Ihre Disziplin: ein dreistelliger Betrag. Dieser Verzicht auf diese Güter macht Sie bald vermögend. Es wird für Sie ein schönes Gefühl sein widerstanden zu haben und die Jeans und die Schuhe stehen gelassen zu haben.

Das gleiche Prinzip gilt beim Wocheneinkauf. Überlegen Sie sich vorher, was Sie brauchen und schreiben Sie Ihren Bedarf auf. Kaufen Sie dann strikt danach ein. Sie sparen bares Geld. Geld, das Sie, wenn Sie es zurücklegen, vermögend machen wird. Und das gute Gefühl maßvoll eingekauft zu haben, erhalten Sie gratis dazu. In einer Welt, in der Menschen immer noch verhungern, ist Sparsamkeit in unserem reichen Land sicherlich moralisch zu befürworten.

Doch leider geht das nicht einher mit der politischen Meinung. Viele meiner Freunde, die politisch für die Umverteilung wählen, leben äußerst dekadent und weit über Ihren Verhältnissen. Oft ist da dann die Überschuldung die Folge. Das passt irgendwie nicht zusammen. Ich stelle jedes Jahr einen vier bis fünfstelligen Betrag gemeinnützigen Einrichtungen und Vereinen zur Verfügung und stimme nicht für die politische Umverteilung. Zudem liegen meine Steuerzahlungen im mittleren fünfstelligen Bereich. Ich verteile also ganz ordentlich um. Kein Bekannter, der sein Kreuz bei rot, grün oder tief rot setzt, spendet solche Beträge. Der Konsum wird bevorzugt. Wer Umverteilung möchte, sollte das auch vorleben. Spenden sind was Schönes, denn jeder kann sich den gemeinnützigen oder mildtätigen Zweck frei wählen (im Gegensatz zur Einkommenssteuer). Auch wenn Sie offensichtlich kein Geld fürs Spenden haben, sollten Sie einmal überlegen, ob einmal zehn Euro bei einem Restaurantbesuch oder beim Einkaufen eingespart werden können. Das Gefühl diese zehn Euro zu spenden und dafür auf eine kleine Sache im Bereich des Verzehrs zu verzichten, löst ein schönes Gefühl aus. Versuchen Sie es doch einfach einmal, zehn Euro zum Anfang.

Was halten Sie nun also vom sparsameren Leben mit weniger unnötigem Konsum? Die Ersparnisse können je nach Geschmack voll gespart werden oder zum Teil gespart werden, um dann einen Teil davon zu spenden. Muss es wirklich sein, dass Sie Pay-TV, diverse Zeitschriften, die neuste EDV und Fernsehtechnik haben, neben Spielekonsolen und den neuesten und teuersten Smartphones?

Sparen Sie das Geld und werden Sie vermögend! Wenn Sie das nicht möchten, können Sie Ihr sinnvoll Erspartes auch gerne Hilfebedürftigen geben. In beiden Fällen haben Sie ein gutes inneres Gefühl. Ein besseres Gefühl als wenn Sie auf Pump Sachen gekauft haben, die Sie eigentlich gar nicht brauchen, um Nachbarn zu beeindrucken, die Sie eigentlich gar nicht mögen.

Ein gutes Gefühl sparsam und bescheiden zu sein.
Ein gutes Gefühl, mehr zu verdienen als Sie brauchen.
Ein gutes Gefühl, Reserven aufzubauen.
Ein gutes Gefühl, fremden Menschen zu helfen.
Ein gutes Gefühl, ein einfach gutes Gefühl.

Dieses gute Gefühl macht Sie künftig noch vermögender. Denn mit diesem guten Gefühl aus Ihrer spar-
samen Lebensweise gehen Sie viel optimistischer und
erfolgreicher an neue Aufgaben heran.

Markenwahn vermeiden

Einige meiner jüngeren Freunde geben doch tatsächlich ihr komplettes Erspartes für ein neues, die Freunde würden sagen für DAS neue, Handy aus. Etwas, was ich von meinen jüngeren Freunden gelernt habe, ist, es einfach anders zu machen. 600 Euro auf der hohen Kante und das Geld ist weg. Für ein Mobiltelefon. Wenn es runter fällt, ist das komplette Ersparte weg. Das ist absolut unverständlich. Liebe junge Mitbürger: Bitte sparen Sie, bis Sie z.B. 6000 Euro auf dem Konto haben und kaufen Sie sich dann dieses Mobiltelefon oder besser noch eines für 200 Euro.

Dann tut auch der Verlust oder die Beschädigung nicht so weh. Genauso tut der Wertverlust des 200 Euro Handys weniger weh als der des 600 Euro Handys, wenn beide Telefone nach 2 Jahren nur noch die Hälfte wert sind. Und nun erzählen Sie bitte nicht, liebe junge Kollegen, von Ihren monatlichen Verträgen. In 40 Euro Monatsbeitrag sind mindestens 25 Euro subventioniert, denn ein Flatrate Tarif gibt es bereits für um die 15 Euro. 25 Euro x 24 Monate ergibt also 600 Euro, was Ihr unterm Strich für Euer Handy bezahlt. Ist es da nicht günstiger für 200 Euro ein eigenes zu kaufen?

Leider geht es bei jungen Menschen viel und immer mehr um Prestige bei der Marke. Wer kein Top Handy hat und nicht die angesagtesten Klamotten trägt ist out, so denken viele Jugendliche, aber nur über sich selbst. Bitte verzichten Sie auf solche Freundschaften, die nur entstehen, weil Sic die besten Marken haben, das beste Handy oder das größte Auto fahren. Verzichten Sie auf dieses Prestige. Es ist oberflächlich und führt statt zur Bewunderung eher nur zu Neid und zur Verschuldung. Sie schaukeln sich immer weiter hoch und irgendwann muss es nicht mehr das beste Handy sein, sondern der schnellste Sportwagen. Und dann das größte und architektonisch modernste Haus oder das schickste Büro. Und spätestens da schlägt die Verschuldung zu. Es werden höhere Kredite aufgenommen als der Bedarf dies eigentlich bräuchte. Und somit ist der Plan, reich zu werden äußerst in Gefahr. Denn Sie müssen ja die Kreditzinsen bedienen und sparen wieder rückwärts. Vorwärtssparen führt zum Vermögen. Rückwärtssparen führt oft in Entschuldungsshows im privaten Fernsehen. Auch ein Ziel? Setzten Sie sich doch lieber das Ziel, bei einer Gewinnshow mit dem Gewinn der einen Million Euro Ihr Vermögen zu verdoppeln. Dann haben Sie zwei Millionen. Sparen und Glück ist gleich doppeltes Vermögen in diesem Fall. Verlassen Sie sich bitte nur nicht aufs Glück, ordentliches Sparen bringt Ihnen in jedem Fall Wohlstand und Befriedigung.

Konsumverzicht schafft Vermögen.
Konsumverzicht schafft Wohlstand.
Konsumverzicht schafft Reichtum.
Konsumverzicht schafft Zufriedenheit.

Natürlich nur wenn das Eingesparte auch angespart wird.

Wohlstand und nun?

Sicherlich haben Sie sich während des Lesens der vergangenen ca. 100 Seiten gefragt, was dann mit Ihrem angesparten Vermögen geschehen soll. Vermögen ganz so, wie Sie es definiert haben. Ein Beispiel: Sie leben nach den Ideen dieses Buches und Ihr Einbahnkonto wächst und wächst. 10.000 Euro, 50.000 Euro, 100.000 Euro, 250.000 Euro, 500.000 Euro usw. Soll das Konto wachsen bis es platzt?

Ich kann Sie als gelernter Bankkaufmann beruhigen. Das Konto wird wegen Vollheit nicht platzen. Verwenden Sie ruhig Teile des Geldes, wenn Sie es auf Ihr Vermögenskonto zurückzahlen. Ab einem gewissen Alter kann das Konto natürlich auch als Auszahlplan verwendet werden. Doch wer garantiert Ihnen, dass, wenn Sie sich Geld monatlich entnehmen, das Geld auch reicht? Das Langlebigkeitsrisiko decken in der Regel nur Versicherer. Dort ist das Geld dann auch verzinst und vor Ihrem plötzlichen Zugriff geschützt. Doch, erst einmal muss das Geld angespart werden. Bitte planen Sie also den zweiten Schritt nicht vor dem ersten.

Das Ansparkonto habe ich Ihnen als Einbahnstraßenkonto beschrieben. Es wird dort eingezahlt. Doch wie in einer Einbahnstraße auch erlaubt, können Sie auf einer Einbahnstraße mal drei Meter zurücksetzen. Zum Einparken Beispielsweise. Wie weit Sie zurücksetzen dürfen, entscheidet in diesem Fall nicht das Bundesverkehrsministerium, sondern Sie. Sie legen den Plan Ihrer Vermögensstraße fest. Wenn Sie also

250.000 Euro auf einem Einbahnstraßenkonto angesammelt haben und es voraussichtlich weiter gefüllt wird, ist es legitim, dass Sie etwas entnehmen. Allerdings nur zu einem Prozentsatz, den Sie vorher festgelegt haben. Was halten Sie von 20%? Sie halten den Satz fest. In diesem Beispiel würde es bedeuten, dass Sie sich für 50.000 Euro Ihr Haus renovieren oder andere Ausgaben tätigen könnten. Der Vorteil: Egal was Sie sich davon leisten, es ist Sollzinsfrei. Sie müssen für diese Investition keine teuren Zinsen zahlen und werden nicht krank, da Sie sich nicht über die Rückzahlung Sorgen machen müssen.

Nach der Investition ist das Konto auf 200.000 Euro geschmolzen. Nun muss der Stand von 250.000 Euro wieder aufgefüllt werden. Sie leben also weiter sparsam und verzichten auf unnützen Konsum und sparen weiter für Ihr Vermögen. Und zwar über die 250.000 Euro hinaus, denn Sie wollen ja wachsen oder? Nach einem 20%igen Rückschritt gilt es die 20% wieder rein zu holen plus x % zu wachsen, beispielsweise 10%. Die nächste Investition nach dieser Regel ist also erst wieder bei 275.000 Euro möglich, diese dann bis maximal 55.000 Euro und so weiter. Je mehr Ihr Vermögen wächst umso mehr können Sie sich irgendwann leisten.

Was Sie mit den Zinsen machen, müssen Sie selbst entscheiden. Die Frage ist, ob Sie thesaurierend oder ausschüttend arbeiten möchten. Bei der Thesaurierung bleiben die Zinsen im Geldtopf. Ihr Vermögen wächst also schneller. Bei der Ausschüttung geben Sie die Zinsen dem Konsum frei. Natürlich empfehle ich Ihnen, damit Sie schneller vermögend sind, ganz klar die Thesaurierung. Somit profitieren Sie vom Zinseszinseffekt. Natürlich können Sie ab einem bestimmten festgelegten Vermögensstand die Zinsen auch ausschüttend für Ihren Bedarf verwenden. Bitte achten Sie jedoch auf die Inflation. Es wäre doch schade, wenn die Geldentwertung Ihr Vermögen auffrisst. Daher sollte in jedem Fall ein Teil der Zinsen im Topf verbleiben.

Bauen Sie also Ihren Vermögenstopf auf. Dieser Topf wird Sie im Kopf frei machen von finanziellen Sorgen. Dieser Topf wird Sie Ihr Leben lang begleiten und bis zu Ihrem letzten Atemzug für Sie sorgen und Sie sorgenfreier machen.

Gern können Sie nach dem Einbahnstraßenprinzip verfahren. Setzten Sie nach dem Stop-Loss Prinzip Rückfahrtbeschränkungen und erhalten Sie Ihr Vermögen und leben Sie davon in Harmonie. Was halten Sie von dieser Methode? So profitieren Sie von dem bisher angesparten und bauen es weiter auf. Wichtig ist, dass Sie einen ganz klaren Plan vor Augen haben. Wo wollen Sie hin und was können Sie monatlich dafür tun.

Worte zum Ende

Nun hoffe ich natürlich, dass Sie Spaß am Lesen dieses Buches hatten. Wie schon im Vorwort erwähnt, geht es mir darum, dass auch Menschen Zugang zu diesem Thema bekommen, die sich nicht alltäglich mit solchen Inhalten beschäftigen. Ich wählte dafür einfache Worte. Sicherlich hätte ich Sie fachlich mehr fordern können. Wichtig sind jedoch die grundliegenden Sachen, die Basics. Wie im Tanzsport auch ist es immer wichtig, neben den komplizierten Figuren, weiterhin die Basics zu trainieren. Auf die Basics baut alles auf. Auf Ihre innere Einstellung zum Thema Geld baut alles auf.

Sie haben nun also gelesen, wie Sie deutlich mehr Einnahmen generieren als Sie Ausgaben produzieren. Das Verhältnis muss stimmen. Seien Sie also bitte nicht irritiert, wenn Sie einen Millionär mit einem schicken Sportwagen sehen. Sie kennen schließlich nicht seine Ausgaben. Wenn jemand jedes Jahr 500.000 Euro verdient, so kann er auch locker 300.000 Euro ausgeben und wird trotzdem bald das Ziel Wohlstand erreicht haben. Doch diese Beträge verdienen leider nur wenige Menschen. Wir müssen uns also auch um die Ausgaben kümmern. Ausgaben reduzieren, um Geld übrig zu haben. Geld, welches angespart wird, um Vermögen aufzubauen.

Versuchen Sie nun bitte diese Basics auf Ihre eigene persönliche Situation anzuwenden. Sicherlich kann nicht jeder Buchkäufer nun wie ich, nebenberuflich als Tanzsportlehrer arbeiten oder engagierter Versicherungsvertreter werden. Holen Sie aus Ihrem Bereich das Maximale raus. Niemand hat einen besseren Einblick in Ihre finanzielle Situation als Sie selbst. Lassen Sie sich den Überblick nicht nehmen. Scheuen Sie nicht, sich professionell von einem Berater Ihres Vertrauens helfen zu lassen. Lassen Sie sich Ihre Situation aufzeigen und handeln Sie selbst.

Fangen Sie heute noch an, um an Ihrem Wohlstandsplan zu arbeiten. Haben Sie keine Illusionen, dass der Wohlstand von alleine kommt. Jeder muss hart dafür arbeiten. Auf Erbschaften und Lottogewinne kann sich niemand verlassen. Nehmen Sie das Heft selbst in die Hand.

Definieren Sie Ihre Ziele, die Sie mit Vermögen verbinden und generieren Sie innere Zufriedenheit mit dem, was Sie erreicht haben und erreichen wollen. Das ist der realistische Wohlstand.

Wichtig ist noch für die innere Zufriedenheit, dass Sie „Neid" komplett aus Ihrem Leben streichen. Seien Sie niemals neidisch auf andere. Nehmen Sie lieber Menschen, die besitzen, was Sie auch gern besitzen möchten, als Beispiel, also Vorbild. Streben Sie nach gleichem oder besseren. Seien Sie dankbar, dass der andere Ihnen Wohlstand oder zumindest Vermögen vorleben, denn davon können Sie lernen. Freunde, die Ihnen neiden, sollten Sie versuchen zu bekehren oder den Kontakt reduzieren. Je mehr Sie erreichen, umso mehr wird zukünftig zwischen Ihnen stehen. Neid ist immer negativ und hilft Niemandem. Neiden Sie nicht, sondern streben Sie danach, Ähnliches oder mehr zu erreichen. Das spornt Sie an und motiviert Sie.

Wir alle haben es verdient, glücklich zu sein. Wir sind Nachbarn auf dieser Welt. Nachbarn helfen sich und sind fair zu einander. Vermögen aufbauen und immer fair dabei zu wirtschaften und zu handeln, wird Ihnen helfen, mit Ihrem späteren Vermögen glücklich zu sein und Wohlstand zu fühlen.

Sie haben es verdient, finanziell sorglos leben zu können. Lassen Sie uns die gegebene Zeit auf Erden sinnvoll nutzen und gemeinsam zufrieden mit möglichst großem Vermögen zu leben.

Ich wünsche Ihnen dafür alles erdenklich Gute!

Feedback und Anregungen zu meinen formulierten Gedanken und Ausführungen nehme ich gerne an.

Bitte schreiben Sie an:

misterperformance@gmx.de